绿色发展与能源科技丛书

“双碳”战略与公正转型

胡 敏 主编

知识产权出版社
全国百佳图书出版单位
—北京—

图书在版编目（CIP）数据

“双碳”战略与公正转型 / 胡敏主编. — 北京 :知识产权出版社, 2023.9
ISBN 978-7-5130-8932-6

Ⅰ.①双… Ⅱ.①胡… Ⅲ.①中国经济—低碳经济—研究 Ⅳ.①F124.5

中国国家版本馆CIP数据核字（2023）第179227号

内容提要

公正转型，英文“Just Transition”，意指“转型”过程中努力实现社会公平正义。公正转型是近年来国际气候治理热词，也逐步成为国内落实“双碳”战略的重要议题。尽管用词并非源自我国政策语言体系，但公正转型的要义根植于社会主义制度基因中，既是国家高质量发展阶段强调发展成果人民共享的内在要求，也与防范和化解碳中和转型过程的各种风险原则一致。本书从我国煤炭资源型地区转型入手，全面、系统、深入地阐述公正转型概念的历史演进与国内外实践，探讨在我国碳中和与共同富裕背景下，公正转型被赋予的新特点、新路径，并提出评估指标体系、体制机制与政策措施。

本书可为从事绿色转型研究的专业人士提供参考。

责任编辑：许　波　　　**责任印制**：孙婷婷

“双碳”战略与公正转型

“SHUANGTAN” ZHANLÜE YU GONGZHENG ZHUANXING

胡　敏　主　编

出版发行：知识产权出版社有限责任公司	网　　址：http://www.ipph.cn
电　　话：010－82004826	http://www.laichushu.com
社　　址：北京市海淀区气象路50号院	邮　　编：100081
责编电话：010－82000860转8380	责编邮箱：xubo@cnipr.com
发行电话：010－82000860转8101	发行传真：010－82000893
印　　刷：北京中献拓方科技发展有限公司	经　　销：新华书店、各大网上书店及相关专业书店
开　　本：720mm×1000mm　1/16	印　　张：9
版　　次：2023年9月第1版	印　　次：2023年9月第1次印刷
字　　数：136千字	定　　价：58.00元

ISBN 978-7-5130-8932-6

本书编委会

主　编：胡　敏

编　委：（按姓氏笔画排序）

朱彤昕　李雪玉　李鑫迪　杨　鹏　汪燕辉　张小丽

前　言

一、概　述

在绿色转型过程中努力实现社会公平正义，日益成为重要而紧迫的现实问题。公正转型既是国家进入高质量发展阶段强调发展成果更多、更公平惠及全体人民的内在要求，也与稳妥有序地推进碳中和转型，防范和化解转型过程中的经济、金融和社会风险原则相一致。

公正转型虽并非源自我国政策语言体系，却根植社会主义制度的基因中。中国碳中和战略对应对全球气候变化作出了重要贡献，习近平总书记强调："实现'双碳'目标是一场广泛而深刻的变革，不是轻轻松松就能实现的。"❶我国2035远景目标提出要"人民生活更加美好，人的全面发展、全体人民共同富裕取得更为明显的实质性进展"，旨在使改革发展成果可以更多、更公平惠及全体人民，良好的生态环境本身也是最基础的民生福祉。❷

本书重点探讨三部分内容：上篇探讨了碳中和与共同富裕新时代背景下我国煤炭资源型地区公正转型的内涵、政策要点。主要从公正转型概念和内涵的历史演进、我国公正转型新特点，以及煤炭资源型地区公正转型的意义、机遇和着力点来论述。中篇探讨了公正转型实践的国内外探索，是从区域、城市和就业等不同视角分析国内公正转型案例，以及《巴黎协定》签署后国际主要地区公正转型体制机制和政策工具的探索。下篇探讨了加快我国公正

❶习近平．实现"双碳"目标是一场广泛而深刻的变革[EB/OL]．(2022-09-23)[2022-10-25]．https://www.12371.cn/2022/09/23/ARTI1663913479551101.shtml.

❷ 中华人民共和国中央人民政府．中华人民共和国国民经济和社会发展第十四个五年规划和2035年远景目标纲要[EB/OL]．(2021-03-13)[2022-10-21]．https://www.gov.cn/xinwen/2021-03/13/content_5592681.htm.

转型的政策建议，提出追踪和评估公正转型的指标体系、体制机制和政策措施等。

二、碳中和与共同富裕背景下公正转型的内涵

为实现可持续发展目标，全球经济、社会体系面临着系统性转型的挑战与机遇。20世纪80年代，北美工会活动家首次提出了“公正转型”(Just Transition)的概念，呼吁在实现环境保护目标的同时，为受影响行业的工人提供工作机会，并强调环境风险的公正分担，以及保障受影响社区和人群的环境健康和安全。

当应对气候变化成为21世纪可持续发展最大的挑战时，公正转型在“环境正义”“能源正义”的基础上，着力于实现“气候正义”，即如何确立并坚持以人为本，以空间和时间维度上的公正作为基础性原则，共同但有区别地承担应对气候变化的全球责任和义务，并分享零碳经济带来的福祉。在国家或地方层面，公正转型强调在碳减排、环境保护、能源清洁化的挑战下，实现可持续发展、就业、消除贫困及包容性社区等符合本国或本地特色的综合目标。总体而言，目前各国和地区并没有统一的公正转型定义，大部分国家的公正转型政策体系呈现零散性、碎片化特征。各国未来需要建立符合本国国情的公正转型制度框架，为纳入和实施公正转型提供多元选择。

在“二氧化碳排放力争于2030年前达到峰值，努力争取2060年前实现碳中和”(简称“双碳”目标)的背景下，我国经济转型成本和收益存在地区、行业和人群分布的差异性。我国能源结构长期依赖煤炭，煤炭资源型地区过去为我国快速工业化和经济腾飞做出了巨大贡献，当地煤炭及相关产业已与当地经济社会发展密切关联。在“双碳”目标下，煤炭消费需求会呈现快速萎缩趋势，煤炭资源型地区首先受到冲击和影响，若处理不当将引发一系列社会问题，因此需要重点关注这类地区的公正转型问题。

“全体人民共同富裕取得更为明显的实质性进展”作为远景目标被纳入我国《中华人民共和国国民经济和社会发展第十四个五年规划和2035年远

景目标纲要》。我国逐渐扩大的收入差距和财富差距会影响经济增长和社会稳定。推进共同富裕是我国实现经济高质量发展的核心内涵之一，正确处理公平和效率的关系是实现共同富裕的路径之一。从实施路径上，应该在发展过程中寻求区域之间、产业之间、城乡之间协调性、平衡性的发展路径；应该通过健全的基本服务供给体系，完善医疗、养老、住房和兜底救助等社会民生保障体系，为弱势群体提供帮扶；应该通过调整完善收入分配机制和就业培训保障体系，提高低收入群体的收入，扩大中等收入群体等。煤炭资源型地区经济产业发展不平衡、低收入矿工和弱势群体庞大、基本公共服务和民生保障体系不健全等问题尤为突出。因此，煤炭地区的公正转型应成为我国共同富裕行动纲要的重要内容之一。

碳中和与共同富裕赋予我国公正转型有别于其他国家的新内涵与特点。碳中和引领的公正转型战略具有主动性和前瞻性，其技术经济路线图已经过长期论证，是决策者主动发挥干预的规制驱动转型，而非技术进步和结构调整导致社会经济形势变化迫使的被动转型。实体经济的未来转型方向和路径较为清晰，如煤炭逐步被可再生能源替代是不争的趋势，碳中和转型意味着科技创新的历史机遇。共同富裕下的公正转型目标需要多元均衡，除了社会保障、解决就业、协助企业转产等，需要尽量高质量地就业，需要兼顾性别平等、社会包容、环境正义等，更重要的是，经济发展及能源普惠等的空间公正。“更加重视共同富裕”要求公正转型注重保障制度普适性，如完善公共服务，建立全覆盖可持续社会保障体系，以及在推动高质量发展中强化就业优先导向等。

三、煤炭资源型地区公正转型政策着力点

为实现“双碳”目标，煤炭资源型地区转型迫在眉睫。其公正转型是一个复杂的系统性工程，涉及经济、社会、能源和生态环境等多个维度。新时代背景下，实现安全、平稳、公正的碳中和转型过程，并致力最终实现共同富裕和高质量的可持续发展，公正转型政策着力点应从经济高质量发展、社会民生

改善、能源清洁安全、生态文明建设四个维度展开，建立一套综合的公正转型施政体系。经济高质量发展意味着除经济总量增长外，要更加重视经济发展的质量，具体可从经济发展水平、结构调整和创新投入等方面入手。社会民生改善意味着强化民生与就业保障，实现发展成果由全体人民共享，具体可从基本保障、公共服务、医疗卫生、教育、清洁供暖保障、就业、基础设施等方面着力构建和完善多层级的社会保障和就业支撑体系。能源清洁安全则是在日益复杂多变的国际能源局势下，面临能源保供和气候危机压力，煤炭资源型地区在转型过程中仍应将提升国家能源安全和保障能力作为其转型的重点任务，并努力提高能源清洁化水平，因地制宜发展可再生能源。生态文明建设强调要从提高能源资源利用效率、生态修复、环境质量改善、减少污染物与碳排放、发展森林等多个角度入手，补齐煤炭资源型地区的生态环境欠账，建设生态文明和谐的美丽中国，满足人民日益增长的优美生态环境需要。

四、国内外公正转型实践

基于对公正转型新内涵和特点的理解，本书收集、梳理了国内外实践案例。中国公正转型探索包括振兴东北老工业基地、资源型地区可持续发展，以及煤炭和钢铁“去产能”就业安置实践。国外公正转型探索选取了应对气候变化背景下欧盟、美国、加拿大等国家和国际组织的政策实践。本书从已有实践分析发现，实现公正转型需要跨部门、跨领域的多个政策工具的相互配合，国内注重在发展中解决问题，政策工具重视长效机制，而国外实践强调机制创新、全社会参与及程序公正。在碳中和与共同富裕的新时代背景下，未来中国公正转型决策尤其需要明确战略目标与行动方案，因地制宜、精准施策，以就业和社会保障为核心，充分发挥政府和市场的作用。国内外公正转型实践政策举措如表0-1所示。

表 0-1　国内外公正转型实践政策举措

案例		政策举措
中国资源型地区公正转型实践	振兴东北老工业基地	资源开发补偿机制 ·财政政策 ·税收政策 ·金融政策 衰退产业援助机制 ·主导产业扶持政策 ·衰退产业援助政策 配套政策 ·环境、生态保护 ·人才激励 ·体制、技术创新 ·营商环境
	资源型城市可持续发展	转型初期 ·建立健全资源开发补偿机制 ·衰退产业援助机制 ·财政转移支付、银行专项贷款和中央项目倾斜 可持续发展阶段 ·开发秩序约束机制 ·产品价格形成机制 ·资源开发补偿机制 ·利益分配共享机制 ·接替产业扶持机制 高质量发展阶段 ·普惠性公共服务 ·居民基本生活保障 ·稳定和促进就业

续表

案例		政策举措
中国资源型地区公正转型实践	煤炭和钢铁“去产能”就业安置	·分流安置 ·员工内部退养 ·就业服务 ·创业支持 ·公益性岗位等托底帮扶
应对气候变化背景下国际公正转型案例	欧盟绿色新政	·公正转型基金 ·公正转型平台 ·转型中的煤炭地区倡议
应对气候变化背景下国际公正转型案例	西班牙国家公正转型战略	·气候变化法案 ·国家能源和气候综合计划 ·公正转型战略
	美国卡罗拉多州公正转型计划	·社区协调 ·工人就业转型 ·转型资金
	捷克煤炭依赖地区转型规划	·经济转型 ·就业扶持
	多边公正转型合作机制	·可再生能源发展 ·绿色金融目录 ·关闭煤矿 ·就业和民生保障
	加拿大转型委员会	·国家层面:转型工作组 ·地区层面:煤炭社区咨询小组
	资金保障	财政直接支持:公正转型基金和可持续投资计划 金融工具:欧洲复兴开发银行公正转型支持计划和西班牙外换银行公正转型贷款

五、总体建议:构建我国公正转型政策体系

从国家层面,我国应构建具有中国特色的公正转型政策体系,具体框架如图0-1所示,主要包括如下内容。

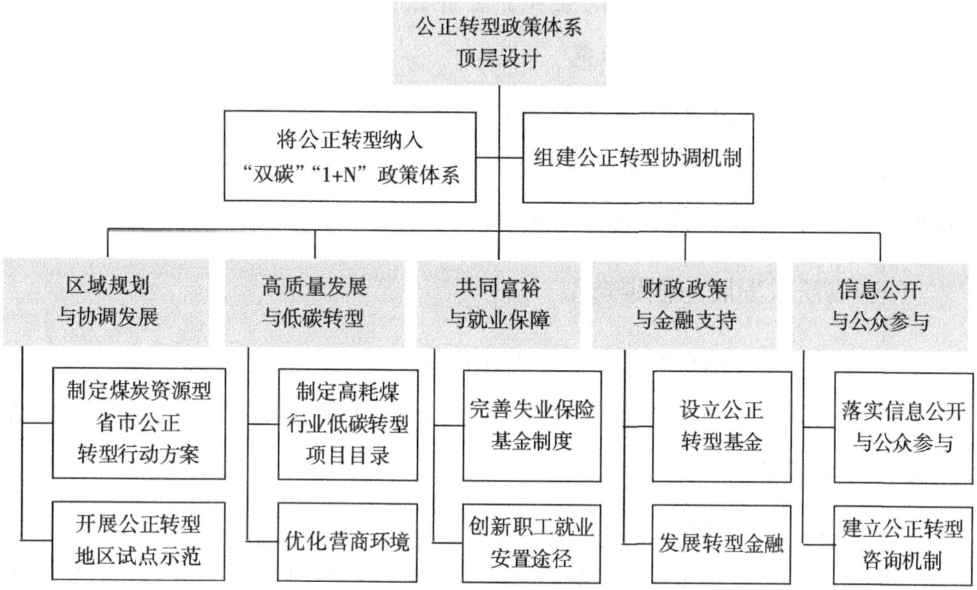

图0-1　公正转型政策体系框架

(一)顶层设计

1. 将公正转型纳入"双碳""1+N"政策体系

加快立法、规划,建立公正转型政策体系,煤炭资源型地区应启动公正转型立法研究,明确转型目标、阶段和路径,并提供制度规范。

2. 组建公正转型协调机制

由碳达峰碳中和工作领导小组指导和统筹公正转型工作,并推动地方公正转型工作机制的建立。

(二)区域规划与协调发展

1. 制定煤炭资源型地区公正转型行动方案

煤炭资源型地区应编制适用于地方、行业等不同层面的中长期公正转型方案,明确转型目标、策略、政策措施、重点领域和保障措施,并将公正转型方案作为申请上级政府转型政策和资金资源支持的必备条件之一。

2. 开展公正转型试点示范

建议选取典型的煤炭资源型地区开展公正转型创新试点示范。对支持公正转型的目标和领域(如民生保障、生态环境、产业转型质量等)提出具体的规定性要求和给予相应的政策支撑。

(三)高质量发展与低碳转型

1. 制定高耗煤行业低碳转型项目目录

国家应制定重点行业低碳转型目录,为行业转型提供指引,并将其作为资金支持的依据。

2. 优化营商环境

通过优化营商环境,支持创新,不仅需要注重科研方面的发展,也需要关注经济业态、商业模式、技术应用等方面的优化与创新。

(四)共同富裕与就业保障

1.完善失业保险基金制度

降低失业保险基金在职工转岗和稳岗方面的支出门槛,拓宽基金的支出范围,研究制定处于衰落阶段行业企业的特殊社保政策,减轻企业在市场退出阶段的社会压力。

2. 创新职工就业安置途径

建议政府有关部门组建省级煤炭行业人力资源协调机构,或者委托省级就业服务机构,统筹协调由地域交叉带来的职工异地安置问题。

（五）财政政策与金融支持

1. 设立公正转型基金

公正转型基金以政府财政引导，结合现有可持续发展基金、低碳发展基金等，吸引金融机构支持、社会资本参与。中央和地方财政单设煤炭行业转型专项资金，专款用于煤炭地区转型活动。应建立转型金融支持目录，深化金融体系从长期视角支持高耗能行业转型。

2. 发展转型金融

通过金融工具创新，发展转型金融，为公正转型筹集资金，支持区域间经济机会平衡、经济活动低碳化、创造低碳就业机会等。

（六）信息公开与公众参与

1. 落实信息公开与公众参与

提升公众参与度和满意度，促进社会资金直接参与转型活动等。

2. 建立公正转型咨询机制

提供决策者、专家、企业、投资者、公众的沟通机制，提高社会对公正转型重要性的认识，帮助决策者甄别转型中的要点、重点，更有效地利用资源为当地创造长期的经济活力。

在区域层面，我国应选择典型煤炭资源型地区开展公正转型政策、体制和机制等方面试点工作。试点地区主要关注以下内容。

首先，制定煤炭资源型省市公正转型行动方案。公正转型行动方案应包括但不限于：

•明确在能源安全、应对气候变化和产业转型升级等多目标协同的转型路径，识别遭受负面影响的主要区域、行业和人群；

•评估碳中和转型面临的社会经济挑战，识别影响最大的经济活动和工业部门，包括衰退行业退出和新兴产业发展过程的区域经济多元化潜力，以及相关就业影响和再培训需求等；

•评估与国家、地方和行业层面其他相关战略、规划和实施方案的一致性；

•评估不同转型项目和活动的碳减排、就业安置、投资需求和经济增长贡献等；

•建立公正转型治理机制，包括协调组织体系、监测评估考核指标体系等。

其次，制定煤炭行业及地方经济转型目录。抓住国家高质量发展机遇，营造推动高碳产业低碳转型的良好政策环境，充分挖掘民间资本、社会企业等市场的力量，促进科技创新、经济业态和商业模式的创新。根据国内外实践及碳中和经济转型趋势，煤炭行业及地方经济转型示例如下：

•绿色、智能煤矿开采行业升级改造；

•煤电"三改"联动升级改造，发展煤电一体化、现代煤化工、煤基材料、高端设备制造业等；

•发展风能，太阳能光伏和光热，生物质能和地热能，蓄水储能和化学储能，氢能和燃料电池，节能环保产业，资源循环利用产业，生态保护和修复产业，新能源汽车，生物制造、生物医药和生物能源，文创、休闲和健康养老服务业等接续替代产业。

再次，发展转型金融支持高碳行业低碳转型。根据国家碳中和金融支持政策，针对煤炭资源型地区的短期现实需求，制定地区转型金融目录，提出其中公正转型的项目要求和具体标准，吸引社会资金。通过金融工具创新，为公正转型筹集资金，支持经济机会平衡、经济活动低碳化，创造低碳就业机会等。研究发行公正转型相关债，如乡村振兴债券和扶贫债等。

最后，建立区域产业合作及创业机制。建立服务公正转型的"创新项目投资平台"，鼓励社会资源参与，赋予经济活力。煤炭资源型地区地方政府应结合国家高质量发展战略，为资源型地区寻找符合本地区区位优势的经济新业态、新定位、新名片。

本书是集体努力的成果，共分为七章，前言由胡敏编写，第一章由李雪玉编写，第二章由胡敏、杨鹂、张小丽编写，第三章由李雪玉、李鑫迪编写，第四章由朱彤昕、杨鹂、胡敏编写，第五章由张小丽、朱彤昕、胡敏编写，第六章由张小丽、李雪玉编写，第七章由胡敏编写。本书由胡敏、张小丽、朱彤昕统稿，汪燕辉负责文字校核。由于笔者水平有限，难免有疏漏和不足之处，真诚希望读者对本书内容批评、指正。

目　录

上篇　中国煤炭资源型地区公正转型内涵与政策要点

中篇　公正转型实践

下篇　公正转型政策建议

上篇

中国煤炭资源型地区公正转型内涵与政策要点

本篇梳理公正转型理论探讨及其演变过程，并针对中国煤炭资源型地区的转型需求，提出碳中和与共同富裕背景下公平转型的内涵外延，以及实现中国公正转型的要点。公正转型面对的不仅是局部政策，而且需要确保全社会共享经济、社会、环境全面转型带来的效益，应包括经济、社会、能源与环境的全面改善，实现经济高质量发展、共同富裕、能源清洁安全、生态文明和谐的目标。

第一章　公正转型历史演进与内涵解析

当今世界，应对气候变化成为可持续发展的最大挑战。全球层面上，公正转型着力于解决“气候公正”，即以跨国、跨地区、跨代际等公正的方式和途径，共同承担应对气候变化的责任和义务，实现全球温室气体减排目标。在各国及各地区内部，公正转型强调在应对气候变化和环境能源挑战下，实现发展、就业、消除贫困及包容性社会等符合本地特色的综合目标，公正转型的实现途径需要因地制宜。本章对公正转型的历史演进脉络进行梳理，并进一步解析其内涵。

一、历史演进

公正转型的概念最早是在西方工业化国家解决地区性环境问题时提出的。半个世纪以来，关于公正转型的内涵、目标和途径与“环境正义”“能源正义”“气候正义”等议题密不可分。

20世纪60年代初有毒的垃圾填埋场、有污染的工业厂房及其他污染源，让美国低收入地区和有色人种社区承受着过重的负担，主张“环境正义”的倡议由此而生。此后，“环境正义”的概念在世界范围内得以广泛传播，从单纯污染源分布及邻避效应的公正问题，扩展到污染带来的全球性公正问题。例如，工业化国家将有毒废物输出到较贫穷的发展中国家、农药污染顺流而下进入邻国、来自焚化炉的空气污染横穿边界影响下风口的社区或国家等。[1]随着西方环境运动的持续发展和环境保护标准的不断提高，20世纪80年代，北美工会活动家首次提出了“公正转型”(Just Transition)概念，呼吁在实现环境保护目标的同时，为受影响行业的工人提供工作机会，并强调环境风险的公正分担，以及

---

[1] GALE. Air Pollution: Transboundary [EB/OL]//Gale Global Issues Online Collection. (2022-06-20). https://link.gale.com/apps/doc/CP3208520005/GIC?u=albertak12&sid=bookmark-GIC&xid=8461bf08.

保障受影响社区和人群的环境健康和安全。1991年,"环境领袖峰会"明确提出所有人都有权免于生态破坏,并呼吁全球范围内的公共政策应基于尊重和公正对待全人类的原则,避免任何形式的歧视或偏见。[1]由此来看,"公正转型"概念最早是以就业为核心议题、以促进环境可持续发展为目标的倡议。

20世纪90年代,西方经历了电力市场化改革,旨在强化市场在能源配置中的基础性作用,促进电力行业经济效率提升。然而,电力作为重要的能源形式,在具备商品属性的同时,也关系社会福祉,能够为人类生命权、健康权、劳动权等基本人权的实现提供必要的物质基础,这一特点不受时空所限。"能源正义"的概念源起于此背景,强调缩小能源富集地区与能源匮乏地区之间能源获取机会的差异。其核心内涵是保障不同社会群体的基本能源权利,创造公民平等参与能源决策的程序。2016年,本杰明(Benjamin)等能源政策专家将"能源正义"定义为"一个公正分配能源利益和能源负担的全球能源系统,以及一种广泛代表民意的、中立的能源决策机制",并提出了八项评价指标,即可获得性、可负担性、正当程序、透明度和问责制、可持续性、代内公平、代际公平和责任。由此,"公正转型"所倡导的内容已经由单纯的创造就业机会扩展至利益和负担的分配公正及决策机制的公正。

随着工业化进程的推进,资源枯竭现象开始出现,部分化石能源供应地,如美国铁锈地带、德国鲁尔区、法国洛林大区、日本北九州地区等,都经历了相似的兴衰。资源枯竭的多米诺骨牌效应一触即发,资源产业萎缩、关联产业衰退、经济断崖式下滑、大批工人失业、家庭收入下降、社会稳定压力剧增等多重问题集中爆发。因此,资源枯竭型地区的"公正转型"是一个错综复杂的系统工程,涉及能源、产业、经济和社会等多个方面的议题。

进入21世纪,化石能源消费导致的气候变化问题逐步成为全球可持续发展最大的挑战,气候变化给人类的影响往往是不均衡、不公正的:一是气候变化的责任者与受害者在空间上的错位,受影响且程度最深的是最脆弱、最贫穷

---

[1] NATIONAL RESOURCES DEFENCE COUNCIL. Principles of Environmental Justice[EB/OL]. (1996-04-06)[2022-07-09]. https://www.ejnet.org/ej/principles.html.

的国家和人民，而他们却并不是主要的温室气体排放责任者；二是工业化福利的享受者和气候灾难性后果的承担者在时间上的错配，由于气候变化是长时间积累的结果，导致前代人享受工业化带来的福利，而后代人承担环境污染的不利后果。“气候正义”概念应时而生，其内涵可以界定为：所有国家、地区和个人都有平等地使用、享受气候容量的权利，也应公平地分担稳定气候系统的义务和成本。[1]因此，低碳转型中的公正更加关注发展权益、减排责任在全球、国家及地方层面的平衡状态。

在全球气候治理中，以就业为重要抓手的公正转型备受关注，并逐渐成为“联合国气候变化框架公约”缔约方大会的主要议题之一。1992年通过的《联合国气候变化框架公约》正式明确了“共同但有区别”的责任原则，即发达国家率先减排，并向发展中国家提供资金和技术支持；发展中国家以经济和社会发展及消除贫困为首要和压倒一切的优先事项，在得到发达国家技术和资金支持的情况下，采取措施减缓或适应气候变化。1997年缔结的《京都议定书》强调了气候战略的制定必须考虑所产生的经济、社会和环境影响。这为全球气候治理中的公正转型提出了更为广泛的维度考量。如图1-1所示，从2010年坎昆会议公正转型概念被纳入最终决议案文以来，以就业议题为核心的公正转型有了实质性推进，但在实操层面仍处于起步阶段。

综上所述，当前我们面临的公正转型，实质是能源的清洁化、发展的低碳化、环境的绿色化等多维目标的公正实现。一方面，维护环境、能源和气候正义，即所有人都有权免于生态破坏、环境污染、资源枯竭、气候灾难等影响，所有人有权获取可负担的、安全的、健康的、清洁的、可持续的公共资源和基本服务。另一方面，确保经济和社会转型发展中的公正，本书采用最大公约数法将现有主流“公正”学说的理论内涵简化为机会均等和成果共享。[2]

[1] 曹明德．中国参与国际气候治理的法律立场和策略：以气候正义为视角［J/OL］．中国法学，2016（1）：29-48. DOI:10.14111/j.cnki.zgfx.2016.01.002.

[2] 世界银行．环境和社会框架［R/OL］．华盛顿：国际复兴开发银行/世界银行，2017. https://thedocs.worldbank.org/en/doc/714941526486376076-0290022018/original/EnvironmentalSocialFrameworkchinese.pdf.

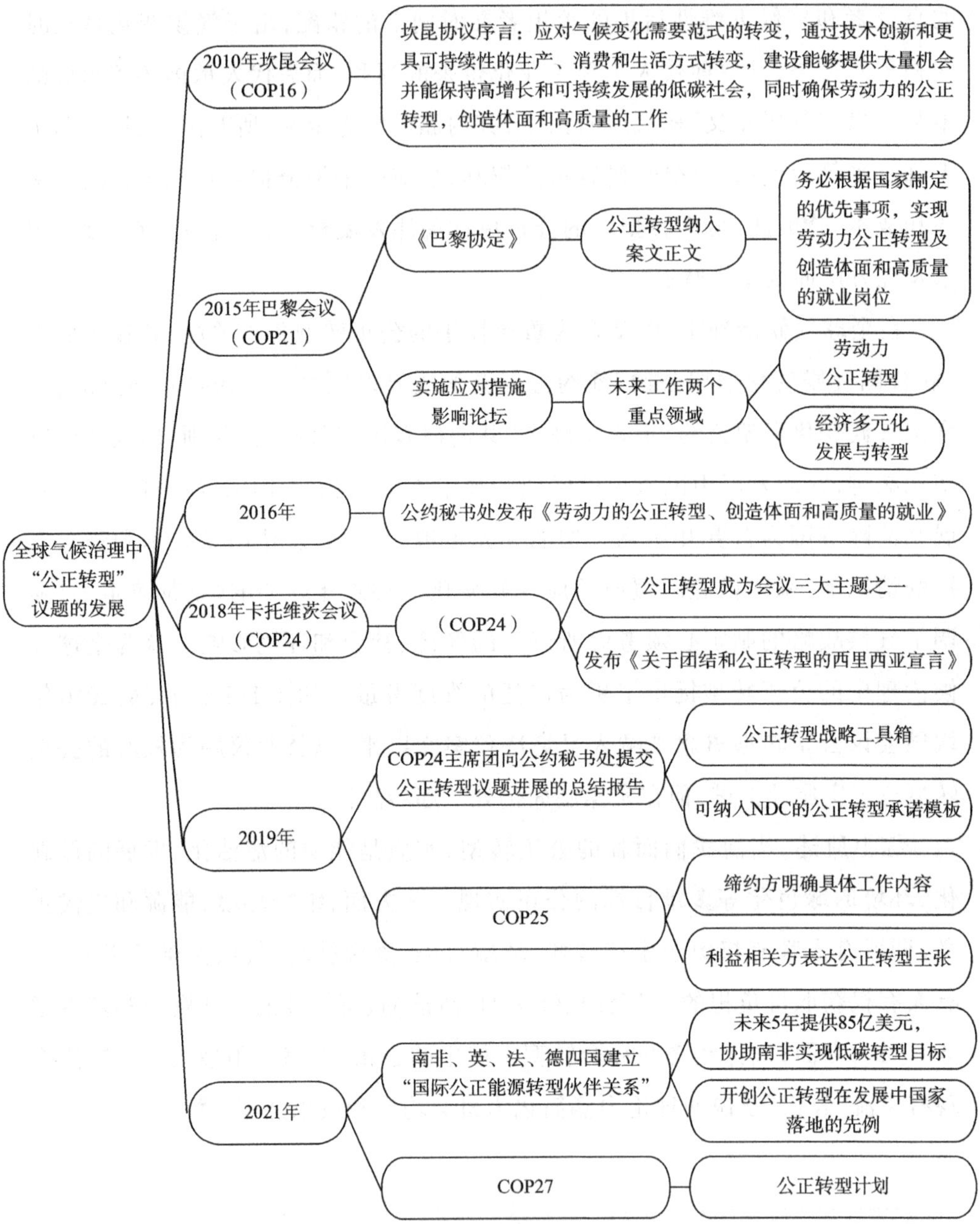

图 1-1 “公正转型”议题在全球气候治理进程中的推进

二、公正转型内涵解析

1. 时间维度：代际和代内

公正的原始内涵是指尊重他人权益，并基于同等原则，个人权益不受他人侵犯。公正地对待同类是人类文明的基本体现，而人类文明贯穿着人类发展的整个历史。在发展的长河中，人类总是以前代人、当代人和后代人作为时间序列中的不同呈现。当代人尊重后代人生存和发展的权益，正如前代人以公正的方式对待现代人和后代人。这种跨越时代的公正被称为"代际公正"。而在同代人中，彼此尊重且公平或平等地对待他人权益的态度或行为，则被理解为"代内公正"。

在著名的《正义论》中，罗尔斯（Rawls）首次提出"正义储存原则"（Just Savings Principe），即以当代人作为存储主体，为其后人保留和存储他们所不可或缺的生存和生活资源。经济学家佩基（Page）强调，上代人保留和存储的资源能源等必须保持品种多样、质量稳定且可获取和可使用。由此可见，"代际公正"强调的是人类在时间维度上的可持续的发展。

"代内公正"是指当代人在利用自然资源、谋求自身利益和发展的过程中，把大自然看成全人类共有的家园，平等地享有地球资源，共同承担维护地球的责任。[1]由此可见，"代内公正"关注的是当代人对地球资源的分配、生态保护责任的分担、有质量的生存和生活环境的共享。

人类不仅是"自然人"，需要与大自然和谐共生，也是"社会人"，需要实现社会关系的和谐。在社会关系中，人类的个人权益与社会基本结构的两大部分是密切相关的。一是政治权利中的个体自由和机会；二是经济和社会利益中的个体收入和财富及自尊的基础。本书重点关注的是后者，即经济和社会利益的公正。罗尔斯在《正义论》中提出："社会和经济的不平等应这样安排，使它们：①在与正义的储存原则一致的情况下，适合最少受惠者的最大利益；并且，②依系于在机会公平平等的条件下职务和地位向所有人开放。"其中对

[1] 佟立．当代西方生态哲学思潮[M/OL]．天津：天津人民出版社，2017[2022-08-10]．https://read.qidian.com/chapter/BB7tYkkuJP9di5 cWpsVtA2/ByFj5jwImVv6ItTi_ILQ7A2

最少受惠者的理解,在代际公正中是指后代人,在代内公正中是指弱势群体。

2. 空间维度:国际和国内公正

"公正"不仅有时间上的,还有空间上的。在全球层面的公正是国际公正,在国家层面的公正是国内公正。这里的"公正"涉及的范围非常广泛,本书重点关注资源能源利用、环境和气候等治理责任、经济发展及其社会福祉的相关公正。

发达国家以占全球20%的人口享受着全球75%的自然资源,其中,美国人口占世界的6%,却消费着30%的资源。[❶]若以人均指标来衡量,差距更大,高收入国家的人均材料足迹(满足需求所需的原材料数量)是低收入国家的10倍以上。有限资源的分配不公,加剧了财富占有、经济发展及社会福祉的不公。同时,资源和能源的利用与污染和排放直接相关,以排放情况来看,二十国集团(G20)的排放量占全球温室气体排放量的78%。[❷]当前,生态环境的破坏已经超越了国家和地域的边界,将地球人的命运紧紧联系在一起。环境污染、气候变暖、臭氧空洞、森林锐减等已日益全球化,环境和气候治理的责任分配是国际公正中备受关注的议题。

在国内公正方面,以我国的实际情况为例,我们同样关注不同省份、不同区域,甚至不同人群在资源能源的占有和利用、发展机会、治理责任、社会福利等方面的分配公正。

3. 结构框架:分配公正、程序公正和补偿公正

综合古今思想家的观点,结合本书的研究范围,我们重点关注公正结构框架中的三个重要支撑,即分配公正、补偿公正和程序公正。

分配公正有三种代表性观点。第一种是平均主义,即忽视个人能力、效率、贡献的差异性,一味强调结果的平均化。第二种以平等为价值取向,强调权利平等而非数量平均,允许以有限的差别分配,使"最少受惠者"利益得以保

❶ 联合国环境规划署,联合国教科文组织.青年交流[R/OL].[2022-06-20].https://wedocs.unep.org/bitstream/handle/20.500.11822/7928/WEBx0095xPA-YXCguide05CN.pdf?sequence=7.

❷ 联合国环境规划署.《2019年排放差距报告》——全球气候行动进展报告[EB/OL]//联合国环境规划署.[2022-08-17].https://www.unep.org/interactive/emissions-gap-report/2019/report_zh-hans.php.

护，这里差别分配的目的仅限于将“最少受惠者”的绝对经济水平提升至其基本人权得以保障的程度，并不改变个人之间相对的经济地位。第三种以自由为核心价值，倡导最强的市场和最弱的政府，体现“不患寡而患不均”的哲学思想。❶

补偿公正，又称“修复公正”，是指对已经造成的不公正进行修复和补偿，在某种程度上，修复或补偿公正是对分配不公正的一种纠错和补偿。

程序公正，即“看得见的正义”，强调“过程”的重要性，是分配正义的实现手段，初衷是为一切利益相关群体提供程序上的保护。通常程序公正可以有三种实现方式，即建立信息公开机制、公众参与和建立实质公平的代表机制，以反映不同群体的诉求，确保决策过程的公信力和合法性。

❶ 王明远，孙雪妍．“能源正义”及其中国化——基于电力法制的分析[J]．中州学刊，2020，277(1)：60-69.

第二章　我国公正转型战略探讨

我国提出了2060年前实现碳中和的目标，以及力争到2035年全体人民共同富裕取得更为明显的实质性进展的目标。碳中和与共同富裕的目标赋予了我国煤炭资源型地区公正转型的新特点和内涵。煤炭资源型地区公正转型的实现离不开我国经济高质量发展、能源清洁安全、生态环境改善、发展全面社会保障、区域均衡等领域的政策支撑。

一、碳中和与共同富裕背景下我国公正转型的特点

国内外宏观形势正经历新的变化，碳中和与共同富裕赋予公正转型新的内涵和特点。我国经济形势正在发生根本性变革，在实现全面脱贫、小康社会的基础上，向现代化强国迈进。经济发展正从工业化后期向后工业化阶段过渡，进入新型工业化、信息化、城镇化和农业现代化同步发展的高质量工业化阶段。更加注重共同富裕问题成为我国全面建成小康社会后社会主义现代化建设的重要目标之一。与此同时，全球应对气候变化正在引发社会发展理念和发展方式的根本性变革，我国提出了2060年前实现碳中和的长期战略。这一战略正在引发深刻的变革，是由气候治理引领，由能源清洁化和环境绿色化共同发力、协同推进的系统性转型，其中的公正也必将在环境、能源和气候三个维度进行系统性融合。同时，转型和增长并不是孤立的，转型是为了可持续地增长。

"全体人民共同富裕取得更为明显的实质性进展"是我国2035年远景目标之一。在适应新经济发展阶段和工业化进程中，我国面临社会经济的新挑战，包括区域、阶层和不同群体的收入差距持续扩大等问题。共同富裕通常具有发展性、共享性和可持续性三大特征[1]，即社会总财富增加和人民收入增长的

[1] 陈丽君，郁建兴，徐铱娜．共同富裕指数模型的构建[J]．治理研究，2021，37(4)：5-16.

发展性；让改革发展成果更多、更公平惠及全体人民的共享性；发展的协调适应、长远利益等可持续性，体现经济和社会发展与人口、资源和环境的承载能力相协调适应，经济发展、财政支出、社会生态环境的长远发展潜力等方面。良好的生态环境是最普惠的民生福祉，实现以“双碳”目标为引领的绿色、清洁和零碳转型，并与共同富裕协同并进，对在新征程上建设美丽中国、推动经济社会高质量发展和生态环境高水平保护、实现中华民族永续发展具有重要意义。❶

中国碳中和战略为全球应对气候变化作出重要贡献。2020年9月22日，在第七十五届联合国大会一般性辩论上，习近平总书记向全世界郑重宣布——中国将提高国家自主贡献力度，采取更加有力的政策和措施，二氧化碳排放力争于2030年前达到峰值，努力争取2060年前实现碳中和。我国已将实现“双碳”目标的理念和原则纳入经济社会宏观发展中长期战略及关键领域和部门的发展计划和工作部署。《中共中央 国务院关于完整准确全面贯彻新发展理念做好碳达峰碳中和工作的意见》《2030年前碳达峰行动方案》相继发布，为实现“双碳”目标作出顶层设计，明确了碳达峰碳中和工作的时间表、路线图、施工图。此后，能源、工业、城乡建设、交通运输、农业农村等重点领域实施方案，煤炭、石油天然气、钢铁、有色金属、石化化工、建材等重点行业实施方案，科技支撑、财政支持、统计核算、人才培养等支撑保障方案，以及31个省区市碳达峰实施方案均已制定。

在碳中和与共同富裕的战略背景下，我们认为中国公正转型的内涵包括发展与共享两个方面。一方面，公正转型需要经济、社会、能源、环境全面可持续的发展转型，即经济高质量发展、社会民生改善、能源清洁安全、生态文明和谐。另一方面，所有群体能够共享转型带来的经济、社会、环境效益，尽可能降低过程中不同地区和群体受到的不利影响。

基于对我国碳中和与共同富裕背景下公正转型内涵的理解，新时代背景下我国公正转型应呈现如下新特点。

---

❶ 罗锦程，杨寓馨，韩帅帅，等. 碳中和愿景下实现共同富裕的路径探究[J]. 中华环境，2021(10)：49-51.

1. 战略主动性和前瞻性

中国碳中和战略，其行动路线图依赖对自然、社会、经济和技术等的全面科学分析和转型设计。共同富裕是我国新时代发展战略的重要组成部分，也是一个融入社会各层面的系统工程，是社会主义现代化政治理论的最佳实践。因此，在碳中和与共同富裕战略推动下，我国公正转型具有主动性和前瞻性。碳中和与共同富裕背景下的公正转型与过去因技术革新（如内燃机的发明和信息技术的广泛应用）或经济发展阶段依次转变（经济结构和产业结构调整）背景下的公正转型有本质区别。未来我国公正转型是决策者主动发挥干预的规制驱动的转型，而非技术进步和结构调整导致社会经济形势变化迫使的被动转型。

2. 目标多元均衡

人们通常理解认为，"公正"服务经济被动转型产生的社会问题，如国内资源枯竭型地区经济转型或国外产业转移和地区产业链升级所导致的一系列社会问题。公正考量维度和目标主要是社会保障、解决就业、协助企业转产等。在共同富裕和碳中和的背景下，公正转型的内涵更加丰富。就业的目标不是简单地确保温饱，而是需要尽量高质量地就业，需要兼顾性别平等、社会包容、环境正义等。"共同但有区别的责任"是全球应对气候变化合作的基本原则，这一原则体现在公正领域就需要考量不同地区都拥有公平的发展权。

3. 路径绿色低碳、安全公平

全球经济转型是置身在数字、智能、新能源及技术融合为代表的第四次工业革命浪潮下，欧洲的绿色新政提出了数字化和绿色化的主导方向。在碳中和的愿景下，我国实体经济的未来转型方向和路径较为清晰。实体经济转型重点是挖掘以工业为主的存量经济的节能增效潜能，增强高质量、低排放的经济增长新动能，建成满足长期低碳绿色生产、生活需求建筑、交通基础设施和城市空间布局。2035年到21世纪末，实体经济绿色发展的重点是在确保绿色基础设施充分发挥作用的基础上，通过深化技术创新赋能经济增长，促进生活方式进一步低碳化，能源结构更加清洁、多元、智能，最终实现零碳排放目标。

对于煤炭资源型地区而言，在明确的实体经济转型路径下，公正将锚定于区域和产业的平稳过渡及通过信息技术和新能源的推广应用为公众创造更多公平工作机会，提供更清洁安全的能源和相关生活方式。

4. 社会保障制度普适

"更加重视共同富裕"将为公正转型提供良好的制度基础。我国正在实施以下几个方面的制度和机制建设助力公正转型。例如，完善公共服务制度体系，促进社会公平正义，推动公共资源向基层延伸、向困难群体倾斜，建成全覆盖可持续的社会保障体系。在推动高质量发展中强化就业优先导向，要坚持就业优先战略和积极就业政策，实现更高质量和更充分的就业；大规模开展职业技能培训，注重解决结构性就业矛盾，鼓励创业带动就业等。

二、碳中和目标对煤炭资源型地区转型的影响和机遇

在碳达峰和碳中和的远景目标下，煤炭需求将大量萎缩，倒逼煤炭资源型地区加快转型。中国是全球最大的煤炭生产和消费国，能源结构长期以煤为主。煤炭资源型地区转型既是机遇，也将面临诸多困难和挑战。

1. 就业影响

碳中和战略将推动煤炭资源型地区就业结构的全面转型。一方面，煤炭开采行业的人力需求强度和就业岗位供给将持续萎缩，煤炭依赖型地区将面临就业挑战。自2014年以来，由于煤炭行业受到"去产能"、安全生产和环境保护控制政策影响，煤炭行业从业人员从2013年的530万人减少到2020年的285万人，减少了245万人。[1]根据自然资源保护协会（NRDC）的相关研究，在实现全球温升控制在2℃的情景下，2030年我国煤炭开采行业就业人数将减少到120万人，2050年约为20万人；在1.5℃情景下，2050年煤炭开采行业就业人数将降低到15万人左右。[2]加速能源转型情景下去煤化进程将加速，相比于常规能源

[1] 界面新闻. 去年煤炭从业人员近285万人，安置职工约100万人[EB/OL].（2021-05-12）[2023-05-24]. https://www.jiemian.com/article/6082111.html.

[2] 国煤炭消费总量控制方案和政策研究. 煤炭转型中的就业问题研究[R/OL].（2019-05）[2020-12-14]. http://coalcap.nrdc.cn/Public/uploads/pdf/15572343901862737562.pdf.

转型情景，2035年煤炭开采和洗选业将减少45万个岗位；2050年煤炭开采和洗选业将减少80万个岗位。❶

另一方面，可再生能源行业将替代煤炭行业创造更多的就业岗位。煤炭资源型地区充分利用自身的能源基础设施、土地资源和人力资本优势加快可再生能源发展，使可再生能源行业逐渐替代煤炭行业成为本地区的主导行业。根据国际可再生能源署（IRENA）与国际劳工组织联合发布的《2021年可再生能源就业报告》，我国可再生能源就业人数达到468万人。在加速能源转型情景下，风光发电行业将净增加约400万个岗位，2050年净增加800万个岗位。❷

2. 搁浅资产

煤炭行业是资本密集型高碳产业。“双碳”政策会导致煤炭相关资产提前减记、贬值或转换为负债，煤炭依赖型地区转型过程面临着巨大的搁浅资产压力。煤电行业是煤炭消费的第一大行业，我国目前存量煤电机组寿命不超过10年的比例达到57%。❸中国人民大学发布的《中国煤电转型成本分析与风险评估》研究报告指出，在提前退役、灵活性改造情景下，我国煤电搁浅资产总规模分别为1.90万亿元和3.98万亿元，且煤电搁浅资产在时间、空间上分布不均衡。不同转型情景导致煤电搁浅资产的年份分布差异明显，提前退役搁浅压力主要集中在2030—2040年，灵活性改造情景下则集中在2021—2035年。在空间分布方面，山东、内蒙古、江苏等10个煤电大省（区）搁浅资产规模占两个情景下全国的67%和70%。❹

能源转型可以快速拉升煤炭资源地区在低碳能源相关行业的整体投资需求。根据各机构的预测数据，我国能源低碳发展未来投资需求将在100万亿元~200万亿元人民币。清华大学气候变化与可持续发展研究院提出，为达成

❶ 张鸿宇，黄晓丹，张达，等．加速能源转型的经济社会效益评估［J/OL］．中国科学院院刊，2021，36（9）：1039-1048. DOI:10.16418/j.issn.1000-3045.20210813003.

❷ 同❷.

❸ 唐大千，刘濛洋．“碳”路者：中国煤炭开采行业—循序渐进，破旧立新［R/OL］.［2020-9-1］. 惠誉博华，2022. https://www.fitchbohua.cn/.

❹ 中国人民大学“双碳”研究院．中国煤电转型成本分析与风险评估［EB/OL］.［2021-10-2］. http://nads.ruc.edu.cn/yjdt/128948c923ca442f8c04d1fa0164468b.htm.

全球温控1.5℃的目标，我国能源供应、工业、建筑和交通各部门低碳化所需累计投资需求约为174.38万亿元人民币（2020—2050年）。高盛报告估算低碳能源基础设施领域投资需求约为16万亿美元[1]（约合104万亿元人民币）（2020—2060年）。中金公司发布报告认为，实现碳中和目标相关的投资规模约为139万亿元人民币（2020—2060年）。[2]根据中国金融学会绿色金融专业委员会的《碳中和愿景下的绿色金融路线图研究》研究报告，在碳中和背景下，若按《绿色产业目录（2019年版）》确定的口径测算，我国未来三十年的绿色低碳投资累计需求将达487万亿元人民币。煤炭依赖型地区相对于其他地区，在能源低碳转型、生态修复和环境保护等方面会面临更大的投资潜力。[3]

三、中国煤炭资源型地区公平转型的意义

中国煤炭资源型地区公正转型具有重要的意义。煤炭相关二氧化碳排放是中国碳排放的主要来源，煤炭资源型地区加快转型将助推碳达峰与碳中和目标的实现。同时，煤炭资源型地区转型涉及经济、社会、环境和能源等多个方面，转型过程秉持公正转型理念，解决好以上几个方面的问题，能促进转型平稳有序推进，为国家共同富裕的远景目标作出重要贡献。碳中和与共同富裕新时代背景下，煤炭资源型地区公正转型具有广泛的代表性，可为国内其他资源型地区和其他国家探索转型路径提供智慧和路径参考。

1. 碳中和战略将加速煤炭资源型地区转型步伐

在碳达峰碳中和远景目标下，煤炭需求将大量萎缩，倒逼煤炭资源型地区加快转型。中国是全球最大的煤炭生产和消费国，能源结构长期以煤为主，煤炭相关二氧化碳排放是中国碳排放的主要来源。2020年中国煤炭消费总量为28.3亿吨标煤，占能源消费总量的比重在56.8%，煤炭生产和利用过程中产生

---

❶ 按1美元=6.5元人民币换算。

❷ 清华大学气候变化与可持续发展研究院等．中国长期低碳发展战略与转型路径研究［M］．北京：中国环境出版集团，2021.

❸ 中国金融学会绿色金融专业委员会．碳中和愿景下的绿色金融路线图研究［R/OL］．（2021-11-20）［2022-10-20］．http://www.greenfinance.org.cn/upfile/file/20211204222634_82821_73556.pdf.

的碳排放占中国碳排放总量的70%。❶煤炭行业是实现“双碳”目标的关键行业之一，关系碳中和目标进程。为此，国家颁布一系列政策措施，严控煤炭消费增长，加快煤炭减量步伐。煤炭大省也积极响应，出台碳达峰与碳中和规划、能源发展规划、煤炭发展规划，提出了淘汰落后煤炭产能、煤炭减量替代、煤电机组升级改造目标要求等，加快煤炭产业转型。在煤炭消费总量目标约束下，煤炭资源型地区需要尽快安排转型路线图，根据国家减排目标要求倒逼产业转型升级，保持实现地区发展与“双碳”目标的一致性，减少对当地经济、就业、能源安全供应等带来冲击。

2. 共同富裕要求重点关注煤炭资源型地区公正转型

共同富裕要求公平共享发展成果，而碳中和转型过程中，转型收益和转型成本的地区、行业和人群分布都可能不同。对煤炭资源型地区而言，煤炭及其上下游产业与经济、社会、环境、能源等相关联。在碳中和的目标下，煤炭相关行业面临转型退出，可能对经济、就业、能源安全供应等带来冲击，需要重点关注。对煤炭企业而言，退煤将导致企业盈利能力下降，资产负债率上升，偿债能力下降，进而面临声誉风险和财务风险，再融资难度加大，进一步加剧企业经营困难，甚至破产倒闭。对煤炭主产区而言，当地经济结构往往较为单一，形成了以煤炭企业为龙头的产业链。若煤炭企业破产倒闭，可能传导至整个产业链甚至当地经济衰退。对煤炭主产区政府而言，其财政收入依赖于煤炭企业，煤炭产业转型冲击当地经济的同时，将影响当地政府财政收入。而当地政府财政收入的短缺将无法保证持续性的财政资金支持当地平稳转型。中国是世界最大的煤炭生产和消费国，煤炭相关从业人员数量较大。煤炭转型过程中，煤炭相关从业人员将面临失业风险，给当地居民生活带来冲击，若处理不当可能会引发社会不稳定因素。

3. 煤炭资源型地区公正转型具有良好的示范带动作用

煤炭资源型地区如果能够实现公正转型，经济、社会、能源和环境等得到改善，将为其他地区提供良好的参考样本。鉴于中国“富煤贫油少气”的资源

❶ INTERNATIONAL ENERGY AGENCY（IEA）. World energy outlook 2021［R/OL］. 2022：P333［2022-09-20］. www.iea.org/weo.

特性,长期以来煤炭为中国经济发展作出重要贡献,是国家的能源安全的重要支撑。煤炭资源丰富的地区,以煤炭为依托,建立了煤炭依赖型产业,自身经济获得迅速发展,同时为其他地区提供充足的煤炭或煤电供应。然而随着煤炭资源枯竭、生态环境破坏,很多城市被列为资源枯竭型城市。2013年,国务院公布了262个资源型城市名单,其中大部分是煤炭资源型城市。这些资源型城市数量众多、分布广泛,面临的可持续发展转型压力大。在碳中和与共同富裕新时代背景下,煤炭资源型地区公正转型具有广泛的代表性,可为众多资源型城市地区探索转型路径提供路径参考,并带来良好的示范作用。在国际上掀起退煤潮,探索公正转型道路的同时,国内资源型地区公正转型示范也可以为其他国家稳妥退煤提供经验借鉴。

四、中国煤炭资源型地区公正转型的政策要点

煤炭资源型地区的公正转型是一个系统工程,其目标、路径和政策涉及经济、社会、能源和生态环境等多个维度。

1. 经济高质量发展

我国经济发展存在地区间不均衡现象,各地资源禀赋、能源基础、发展条件、技术水平各有不同,在国家经济发展中发挥的角色作用也各不相同。但不同地区和不同人群要面临同样的气候变化影响,我国存在维护"气候公正"的需求。中央政府提出,地方在推进"双碳"工作的过程中,应因地制宜、因时制宜地明确自身的任务目标和路径,坚持全国一盘棋的思路,维护地区间转型的公正性。

推进煤炭资源型地区经济持续增长是指,加快推进作为支柱产业的煤炭行业与作为主导产业的绿色低碳产业的接续替代,逐步提高地区经济韧性。

煤炭资源型地区产业结构过度依赖煤炭行业,煤炭行业与其他部门关联度低,导致地区经济韧性不强。例如,山西省作为典型的煤炭资源型地区,一直以来经济发展受困于"煤价起—煤炭行业兴—经济发展不快—煤价跌—煤炭行业困—经济发展不快"的周期性循环。根据山西省2017年投入产出表计算,

山西省煤炭开采行业占工业增加值比重超过40%，但是煤炭开采产业在地区国民经济体系中的影响力系数和感应度系数分别位居42个部门的第24位和37位。由此可见，煤炭行业已无力带动其他产业的有效发展。

提高经济韧性是煤炭资源型公正转型地区关注的重要领域。煤炭资源型地区经济发展模式产业结构转型需要依托当地土地、能源资源等优势和国内外产业发展趋势，确定产业低碳转型方向。从国内外经验来看，煤炭资源型地区产业绿色低碳转型通常采取“两手抓”战略。

一是现有煤炭行业智能化绿色化转型。对于存量煤矿产能，提出向绿色化、智能化、无人化、集约化、柔性化方向深度改造，从劳动密集型向技术、资本密集型转型升级。根据本地区煤炭资源种类，推动煤炭行业产业链升级，从原材料开采和加工行业发展为煤电一体化、现代煤化工、煤基材料、高端设备制造业等，延长产业链和价值链。

二是依托煤炭行业的资源优势及国家和地方政策优势和市场环境，积极培育和发展与煤炭行业融合共生的可再生能源、绿色低碳产业。表2-1列出煤炭资源型地区包容性产业结构中支柱和主导产业转换路径。例如，对于煤矿开采行业，依靠自身拥有的采煤沉陷区、废弃煤矿巷道等土地资源，积极开发风电、光伏发电、蓄水储能等新能源产业，以及提前布局新型储能、氢能等产业的研发和试点。同时，结合本地人才、资源、区位和生态环境优势，发展劳动密集型制造业及文创旅游等服务业，承接煤炭行业转移的过剩劳动力。

碳中和目标已经成为产业低碳绿色转型的主导方向，国家正积极推进和完善绿色低碳体制机制和政策措施，煤炭行业在能源系统中主体地位终会被可再生能源替代。对于煤炭资源型地区而言，需要在煤炭行业和替代行业共生发展的过程中，从顶层设计、产业政策、财政和金融支持等方面做好支撑，以逐渐摆脱煤炭行业的经济增长路径依赖，以煤炭行业转型升级要为替代行业发展提供资金、人才、技术、市场空间等为导向，清晰提出和制定本地区中长期产业转型战略及细分行业的中长期发展规划，明确未来产业、技术、工艺、产品的重点方向和转型目标，编制产业发展目录，谋划布局一批充分发挥本地优势的绿色低碳产业。

表2-1　煤炭资源型地区包容性产业结构中支柱和主导产业转换路径

煤炭行业	煤基行业	接续替代产业
绿色、智能煤矿开采行业升级改造	煤电"三改"联动升级改造	风能
	煤电一体化	太阳能光伏和光热
	现代煤化工	生物质能和地热能
	煤基材料	蓄水储能和化学储能
	高端设备制造业	氢能和燃料电池
		节能环保产业
		资源循环利用产业
		生态保护和修复产业
		新能源汽车
		生物制造、生物医药和生物能源
		文创、休闲和健康养老服务业

2. 社会民生保障

强化民生与就业保障，应构建和完善由政府、企业和员工参与的多层级社会保障和就业支撑体系，有效解决煤炭资源型地区低碳转型导致部分群体面临的就业和返贫问题，实现共享发展。

"十三五"期间煤炭化解过剩产能的结构性改革过程中，"去产能"造成就业岗位大幅减少，保障职工就业安置平稳进行是地方政府和企业的重要工作内容。例如，山西省煤矿行业就业人数达90多万人，部分城市与煤炭产业直接或间接相关的人数高达30%左右。转型安置转产职工，就地消化和转移就业过程是否顺利直接影响煤炭行业转型进程和社会稳定。2018年6月根据"中国煤炭消费总量控制方案和政策研究"项目发布的《供给侧结构性改革背景下如何实现煤炭行业的转型公正》研究报告，煤炭资源型地区都提出了职工安置策略，包括内部转岗、内部退养、补偿下岗、帮扶再就业四大职工分流安置方案。

但是，该研究报告也认为以企业为主导的就业安置普遍存在内退人员的工资标准不统一、安置职工办法缺乏可持续性、缺少有关职工子女就业安置办法、缺乏有效的职工多技能复合型人才培训机制、缺少支持稳岗转岗的有效就业保险政策等宏观统筹协调机制，导致安置效果不佳或缺乏可持续性。

在“双碳”目标背景下，如何稳定和促进就业，改善生活水平是煤炭资源型地区公正转型最为核心的着力点。这需要各级政府、企业、职工共同努力构建社会民生安全网和稳定就业机制。各级政府应加大对煤炭资源型地区民生和就业的政策扶持力度，建立有利于劳动力流动和灵活就业的社保制度；煤炭行业和企业制订转型方案应将如何确保员工安置和福利保障可持续性作为前置性条件；煤炭职工应积极参与各类职业技能培训，转变就业观点，灵活就业。

中央及地方政府应推动煤炭行业公正转型并发挥“压舱石”和“稳定器”的作用。在政府层面，发挥稳定煤炭企业就业和社会保障体制是我国各级政府始终重视的重要工作。目前，我国基本建立了从全国到地方的社会保险、社会救助、社会福利、社会优抚安置和国有企业下岗职工基本生活保障和再就业等制度在内的强制性社会保障体系。《中华人民共和国就业促进法》规定，我国实施劳动者自主择业、市场调节就业、政府促进就业的政策方针，并规定地方政府须将扩大就业纳入国民经济社会发展规划。财政部和人力资源和社会保障部出台了《就业补助资金管理办法》规定，县级以上政府通过一般公共预算安排就业补助资金，用于对个人和企业的补贴、公共就业服务能力建设补助。2022年，中央财政民生补助各类资金整体纳入了财政资金直达机制，直接下沉到基层财政和各类市场主体，确保专款专用。这些都为支撑煤炭资源型地区公正转型提供了基本的制度基础和资金来源。

未来15年是我国能源低碳转型的关键期。进入“十四五”初期，我国已经陆续发布了《推进资源型地区高质量发展“十四五”实施方案》《“十四五”特殊类型地区振兴发展规划》《“十四五”支持老工业城市和资源型城市产业转型升级示范区高质量发展实施方案》等政策文件，并明确提出了支持资源型地区共享发展。“十四五”时期，党中央明确提出构建全面共享的社会保障安全网体系。煤炭资源型地区及煤矿区作为国家能源保供的重点地区，应作为共享发展的关注重点，在国家及地方支持下提升普惠性公共服务水平、居民基本生活保障水平，稳定和促进就业，让这些地区在教育、医疗、文化、交通基础设施和环境基础设施等公共服务建设、社会保障和福利政策、职业技能培训、岗位技能提升等方面享受更多的政策和资金倾斜。煤炭资源型地区应确保基本公共服务基准不低于国家统一执行标准。在煤矿区及塌陷安置区建设公共就业服务机构，提供全方位公共就业服务，实现煤矿转岗和在职员工的失业保险、工伤保险全覆盖和省级统筹，基本养老保险的全国统筹。落实煤矿生活区养老服务设施和公办养老机构建设，为特困退休职工提供养老服务的托底保障。

煤炭资源型地区需要在能源安全和绿色低碳中寻找平衡点，各级政府应当将本地区和煤炭行业易受影响人群的民生和就业保障情况纳入宏观社会经济发展监测和评估体系。中央政府及煤炭消费重点地区和行业应建立相应的煤炭地区转型支持平台，对出现经济增长缓慢和财政收入无法有效保障当地煤炭职工就业和福利水平的煤炭资源型地区提供必要的资金和政策支持。

3. 能源清洁安全

在我国能源安全和应对气候变化两大战略下，煤炭资源型地区要基于煤炭需求变化研判，确定煤炭的科学产能，并制定煤炭有序退出规划，确保煤炭供给与国家需求的适配性，避免中短期能源供给缺口。

提升能源安全保障能力是煤炭资源型地区公正转型过程中的重点任务。在日益复杂多变的国际能源供需格局下，能源安全是关乎我国社会经济发展的重大战略性问题。我国能源禀赋是“富煤贫油少气”，煤炭资源安全供应对国家能源供应安全发挥着重要的保障作用。根据《推进资源型地区高质量发展“十四五”实施方案》的要求，未来15年煤炭资源型地区都需要将加强煤炭储备、供给和保障能力作为高质量发展的重要目标和重点任务。《“十四五”现代能源体系规划》明确要求，位于山西，内蒙古西部、东部，陕北，新疆这些煤炭富集区的煤炭资源型地区，需要加强煤炭供应保障能力，健全煤炭动态储备体系，加强煤炭安全托底保障。

大多数煤炭资源型地区承担着国家能源基地的功能定位，但是也需要充分认识煤炭需求长期呈下降趋势的长期愿景，应未雨绸缪将其对当地煤炭行业乃至整个区域经济的不利影响降到最低。为实现“双碳”目标，我国明确提出“十四五”时期严格合理控制煤炭消费增长，“十五五”时期将逐步减少。2030年前，煤炭作为我国能源主体的地位不变，煤炭消费占比将从2021年的56.8%下降到43%以下；2030年后，煤炭消费将持续下降，2050年煤炭消费占比将进一步下降到9%左右，非化石能源将替代煤炭成为我国主体能源。[1]

能源供应安全是基本民生问题。在保障全国能源需求的前提下，谋划存量先进产能优化和减量退出是煤炭资源型地区推动公正转型的重要着力点。煤炭资源型地区的产能和产量除了受到“去产能”等产业政策的影响，也受到安全生产、环保等政策限制，当前产能利用率并不高。煤炭资源型地区应统筹当地资源环境承载能力和煤炭资源禀赋条件，依托本地区先进煤矿建立适度的产能应急保供动态调整机制，在综合考量参与煤矿核定生产能力、实际生产能力、运输能力和煤炭消费地区需求变化的基础上，灵活调整本地区煤炭开发规模和强度。同时，煤炭资源型地区应制定煤炭开采行业有序退出的顶层设计，建立并健全退出补偿机制，引导产业转型，避免地区经济和煤炭行业遭遇断崖式下跌的局面。煤炭资源型地区需要依托当地资源禀赋，建立由煤炭向煤层气、页岩气等新能源和风光、水能、生物质等可再生能源协同开发，建立多能互补综合能源供应产业链，逐渐从煤炭供应基地转变为多能互补能源供应基地。

4. 生态环境文明和谐

煤炭资源型地区作为主要的煤炭供应基地，长期的煤炭开采引发了矿区自然生态系统大面积破坏、治理难度高等问题。过去20多年，我国由于煤炭开采造成的土地资源损坏超过180万公顷，损害自然生态环境的同时，也导致生态系统固碳能力的下降。[2]以山西省为例，煤矿采空区面积约4027.19平方千米，

[1] 清华大学气候变化与可持续发展研究院等．中国长期低碳发展战略与转型路径研究[M]．北京：中国环境出版集团，2021.

[2] 何振嘉，罗林涛，杜宜春，等．碳中和背景下矿区生态修复减排增汇实现对策[J]．矿产综合利用，2022，79(2)：9-14.

占全省采空区面积的96.67%，估计到2020年煤炭开采导致生态环境经济损失至少达到850亿元。[1]近些年来，中央财政和地方财政投入大量资金支持历史遗留矿山地质环境恢复治理，取得了一定的治理成效。绝大多数煤炭资源型地区由于地方财政能力较弱和缺少社会资本投入激励机制，塌陷区治理普遍面临搬迁补偿标准过低、失地农民就业安置、社会保障长效机制不健全、基础设施落后和公共服务不足等挑战。

转变煤矿区生态保护治理理念，以“双碳”目标为导向重构生态环境治理目标和模式是煤炭资源型地区公正转型的着力点。我国煤矿区生态修复将生态地质环境恢复放在优先地位，治理理念强调生态系统功能恢复，缺乏统一标准和内容要求，矿区治理修复模式单一，倾向采用简单工程措施进行环境污染防治、土地复垦、地形重塑、土壤重构、植被重建等。煤炭资源型地区相对于其他区域实现“双碳”目标更具有挑战性。煤炭资源型地区应将“双碳”理念统筹本地区煤矿区生态保护和修复。从减缓气候变化角度，在采煤沉陷区和废弃矿进行生态修复的同时，还要进行土地资源再利用，开发风光发电项目，以及利用废弃煤矿井开发蓄水储能和压力空气储能电站等，提高可再生能源可用率，如山西省交口县“光伏+矿山修复”、华能魏家峁煤矿屋顶“分布式光伏+电动重卡换电”一体化示范项目、大同煤矿集团云冈矿基于煤矿巷道的压缩空气储能电站项目、德国北莱茵-威斯特法伦州鲁尔普洛斯珀-哈尼尔（Prosper-Haniel）煤矿200MW抽水蓄能水电改造项目等。从增强自然碳汇能力角度，将符合条件的煤矿塌陷地改造为自然湿地，恢复绿地和林地植被，提高煤矿区生态碳汇，[2][3]如徐州市沛县安国湖国家湿地公园原为张双楼煤矿采煤塌陷地等。

为满足人民日益增长的美好生活需要，以及国家对国土空间生态修复的要

[1] 程春生．山西迈上“革命兴煤”之路［EB/OL］//科学网．(2015-03-03)［2020-12-13］．http://news.sciencenet.cn/htmlnews/2015/3/314172.shtm.

[2] 上海“深坑酒店”项目、陕西潼关小秦岭金矿国家矿山公园、黄石国家矿山公园、湖北应城国家矿山公园、威海华夏城矿坑修复项目等；徐州利用采煤塌陷地生态修复完成的潘安湖湿地公园。

[3] 卞正富，于昊辰，韩晓彤．碳中和目标背景下矿山生态修复的路径选择［J］．煤炭学报，2022，47(1)：449-459.

求，特别是“双碳”目标下能源低碳转型进程加快和力度加大，未来煤炭资源型地区面临更多煤矿区环境治理和生态修复、土地综合整治需求。因此，煤炭资源型地区有必要根据本地情况建立以“双碳”目标为导向，充分利用废弃煤矿和塌陷区土地等资源，促进绿色低碳项目的生态恢复治理体系，建立健全地质环境保护修复法律法规体系和监督管理机制及省、市、县和企业统一有效的环境监测体系，以及以“政府引导、项目支撑、收益共享、市场运作、风险共担”方式拓展投融资渠道。[1]

[1] 李钢等．总结潘安湖湿地公园建设经验提升采煤塌陷区综合整治水平[EB/OL].（2019-02-01）[2022-11-05]．http://www.qunzh.com/jdfc/jcck/202010/t20201030_72806.html.

中篇
公正转型实践

本篇聚焦国内外公正转型的政策实践。国际层面,梳理和分析来自欧盟及西班牙、美国卡罗拉多和加拿大等国家和地区公正转型规划、体制机制、政策和行动措施等实践活动;国内层面,整理和总结东北地区、资源型城市,以及山西、河北等地煤炭和钢铁行业“去产能”过程中为实现公正转型面临的挑战和政策实践。基于以上国际与国内公正转型实践活动,本篇提出未来我国公正转型政策实践值得借鉴的关键内容。

第三章　中国资源型地区公正转型案例分析*

公平正义是中国特色社会主义的内在要求。虽然中国鲜有“公正转型”语境下的政策体系研究，但中国的转型政策中始终坚持以人为本，以及公正的基础性。在目前“公正转型”的讨论中，就业是国际社会关注的重点和热点议题，但在具体的转型过程中，公正性挑战往往来自包括就业在内的多个方面或领域。因此，本章以“公正”和“转型”为关键词，从系统性的政策实践到单一的就业解决方案，为读者梳理和总结中国公正转型的经验，包括东北老工业基地、资源型城市可持续发展，以及煤炭和钢铁行业“去产能”就业安置实践，并为零碳转型的公正实现提供参考和借鉴。

一、区域公正转型：振兴东北老工业基地

1. 背　景

东北地区是中国建立最早、工业化程度最高、规模最大的重工业基地，曾经是中国经济最为活跃的地区之一，但也是中国最早出现资源枯竭现象的地区。在《全国资源型城市可持续发展规划》中，东北老工业基地共有37个资源型城市，占全国资源型城市总数（262个）的14%。其中有20个为资源枯竭型城市，占全国总数（69个）的29%；有11个为煤炭资源枯竭型城市，约占全国总数（37个）的30%。其中，中国最早枯竭的煤炭资源型城市（辽宁省阜新市）就位于东北老工业基地。

针对东北老工业基地资源枯竭早的特点，以及东北在维护国家国防安全、粮食安全、生态安全、能源安全、产业安全五个方面所具有的不可替代的战略

* 公正转型并非我国政策语言，在过去几十年煤炭资源型地区转型实践中，关注以人为本、社会保障等内容，实则为公正转型的具体内容。本章以“公正”和“转型”为关键词，从系统性的政策实践到保障就业的具体措施，梳理和总结公正转型经验和效果。

地位，2003年10月，中共中央、国务院出台了《关于实施东北地区等老工业基地振兴战略的若干意见》。2004年1月，国务院振兴东北地区等老工业基地领导小组成立，并由时任国务院总理温家宝出任组长，振兴东北的大幕至此拉开。

2. 公正性挑战

东北老工业基地振兴战略实施的最初十年（2003—2012年）是首轮东北振兴阶段，在固定资产投资的拉动下，东北地区生产总值占全国国内生产总值比重保持在9%左右。此后，在经济新常态和供给侧结构性改革的背景下，东北振兴走向深层次改革，结构调整初见成效，但宏观层面东北经济失速，东北地区生产总值占全国国内生产总值比重下降至2020年的5.1%，1951—2020年东北地区生产总值占全国国内生产总值比重历史变化如图3-1所示。

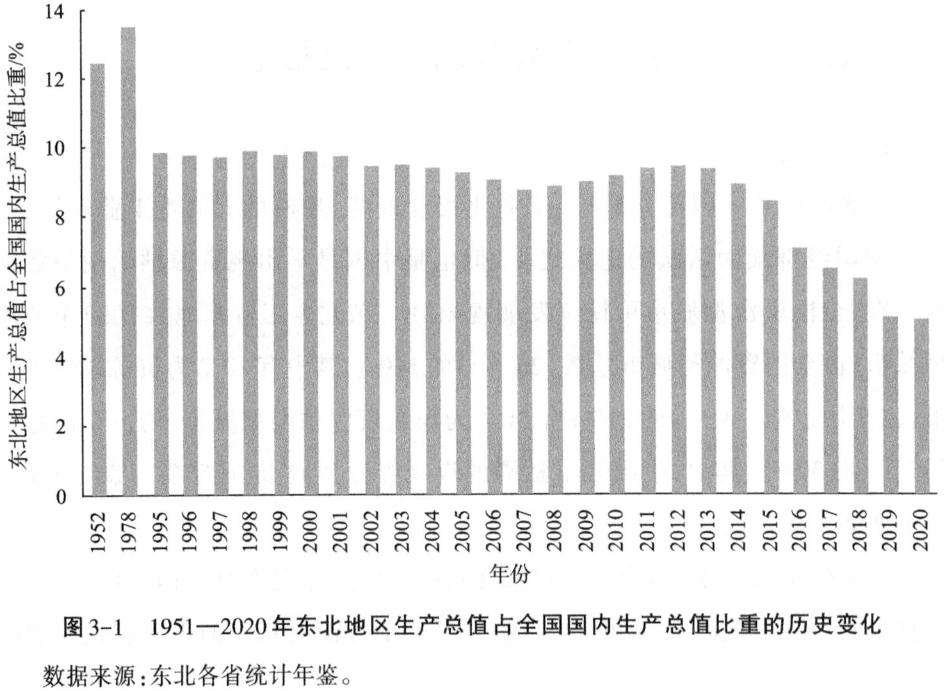

图3-1　1951—2020年东北地区生产总值占全国国内生产总值比重的历史变化

数据来源：东北各省统计年鉴。

在东北的发展历程中，对资源的过度开发和计划性输出损害了时间维度中的代际公正和空间尺度上的区域分配公正，其历史遗留问题为其转型发展带来了沉重负担。由资源枯竭带来的产业衰退和经济下滑直接影响了就业和收入机会的公正。同时，社会福利保障、公共服务均等化等方面的公正性挑战也随之出现，而人口外流进一步加大了社区韧性和经济活力的修复难度。

（1）资源成本与环境代价的不对等。

中国从20世纪50年代开始实行重工业优先发展战略，东北作为重要的资源基地成为计划经济调配的重点，在人力、物力、财力等方面支持全国经济建设和全产业链条的国家工业化。

从资源和产品调出的角度来看，东北大量资源计划性输出。中华人民共和国成立初期，东北煤炭、电力、水泥、钢材和化肥产量在全国占比分别为39%、48%、52%、81%和80%。1953年到1987年，黑龙江省煤炭、木材、原油、粮食分别为3亿吨、2.69亿立方米、7.25亿吨、6475万吨，同时还计划调出大量矿产、矿山设备，机床、钢材和车辆等工业制品，相当于上缴中央财政467.3亿元。[1]此外，东北山区的森林面积约占全国的1/3，木材产量占全国的50%，东北大小兴安岭丰富的森林资源保证了全国的木材供应。

从税收和利润的贡献来看，东北每年上缴税收远高于全国其他地区。“一五”期间，黑龙江向国家上缴的利润高于国家给予工业投资的3倍多。1950—1952年，吉林省向国家上缴5亿多元，上缴比例高达75%。这些税收和国企利润为全国平衡经济布局和支持其他省（自治区、直辖市）的均衡发展提供了重要支撑。

东北计划性输出大量资源的同时，留下了较为严重的生态破坏和环境污染问题。河流和部分湖泊、水库受到污染，进而影响地下水质量，甚至影响到一些地方的土壤及近海海域。与此同时，河流干涸，湿地大量减少，地下水超采问题也在资源枯竭同期出现。此外，一些资源型城市，不合理的开采方式和治理滞后诱发了一系列矿山环境问题，主要包括开采地的地面沉陷，矿山固体废

[1] 王洪章．东北发展面临的困难和问题［EB/OL］．（2020-11-12）［2021-11-05］．https://finance.sina.com.cn/zl/china/2020-11-12/zl-iiznezxs1460752.shtml.

弃物的占地、污染和边坡不稳定，以及矿山排水的出路问题。

随着资源的过度开采和利用，东北地区开始出现了如木材、煤炭、石油等资源枯竭型的行业和城市，伴随着原材料工业与资源之间融合性恶化，东北产业进入被动性调整阶段，经济开始下滑。2003年，黑龙江地区生产总值排名已经从前十位退到中等水平。

（2）产业衰退、经济下滑直接引发就业和收入机会的公正问题。

东北地区曾是中国工业最发达的地区，传统产业和原材料生产集中，国有经济比重较高，且老企业多、离退休人员多。东北地区多数企业都具有三四十年的历史，很多厂房和设备陈旧，人员众多，历史包袱重。在经济结构的重大调整中，在资源走向枯竭的过程中，东北地区失去了往日的辉煌，随之而来的是大量工人转业和下岗。国有企业的重大改组，无疑又加剧了这一过程，使东北地区一度成为中国失业最严重的地区之一。

（3）公共服务均等化等其他公正性难题。

一般而言，基本公共服务主要指一定社会经济条件下涵盖全体社会公众并满足全体社会公众对最低公共资源需求的公共服务。推进基本公共服务均等化不同于一般意义上的提供公共服务和公共物品，它在享有服务的广泛性、满足需求的根本性及覆盖范围的完整性方面，往往更多地涉及全体社会公众生存和发展的“根本权益”和“底线需求”。[1]推进基本公共服务均等化实际上是为社会提供一张“安全网”，使每一名社会成员都能获得与社会经济发展状况相适应的基本的发展起点，是改革发展成果的公正分配的体现。

中国社会科学院发布的《公共服务蓝皮书》显示，公众关注九大基本公共服务：社会保障与就业、医疗卫生、住房保障、公共安全、基础教育、城市环境、公共交通、文化体育、公职服务，其中前三项关注度较高。

东北在资源枯竭和产业衰退的阶段，国有企业下岗失业问题严重，由于社会保障制度落后于国有企业改革的步伐，不仅影响了就业问题的解决，而且导致东北地区城市贫困问题越来越突出，对社会保障制度的需求增加。虽

[1] 张贤明，高光辉．公正、共享与尊严：基本公共服务均等化的价值定位[J]．吉林大学社会科学学报，2012，7.

然东北率先成为社会保障改革试点，但是资金问题是困扰社会保障改革的难点。同时，经济下滑、财政收入下降也直接影响着东北基本公共服务的能力。东北地区的社会保障、就业及其他民生问题也为社会稳定带来了一定的压力。

（4）人口外流加剧影响社区韧性和经济恢复的活力。

东北曾经是技术人才和知识人才聚集的地区，但随着资源枯竭、产业衰退、经济下滑，东北人口持续减少。近几年，东北人口在全国占比显著下降。根据第七次全国人口普查数据显示[1]，东北地区的人口变化呈现三方面的特点：一是总人口出现负增长，2020年东北地区总人口9851万人，全国占比约7%，相较第六次全国人口普查数据减少了约1100万人；二是人口老龄化加剧，65岁及以上人口比重为16.39%，提高了7.26个百分点，高于全国平均水平；三是一定程度上存在适龄劳动力和智力外流，东北高校本地留存率普遍不高，地区受教育水平从原来的高于全国比值逐步下滑接近全国比值，东北地区高学历人口呈现缩减趋势，"孔雀东南飞"的现象日益凸显。

人口发展对于区域经济社会发展具有深远影响，人才是创新和内生动力的根本源泉。从公正转型的角度来看，具有韧性的社区和经济是其中的一项重要诉求，而东北人口变化的特点无疑为这一目标的实现提出严峻的挑战。

3. 公正转型的政策与实践

（1）政策体系：外部输血和内部造血。

东北转型发展的核心问题在于过分依赖资源、产业结构单一、接续替代产业不强等，以及由此带来的社会影响，包括下岗和失业激增、社会保障需求扩大、人口外流等。东北振兴发展是一个艰巨的长期任务，需要多种政策组合，以公正的方式实现转型发展。《中共中央、国务院关于实施东北地区等老工业基地振兴战略的若干意见》提出，研究建立资源开发补偿机制和衰退产业援助机制。上述两个机制是当时促进资源型地区经济转型和可持续发展基础性政

[1] 国务院第七次全国人口普查领导小组办公室．中国人口普查年鉴2020［DS］．2020.

策的核心内容。如图3-2所示,在资源开发补偿机制方面,财政、税收、金融等政策协同发力,致力于生态环境修复、社会保障和就业及其他民生领域;在衰退产业援助机制方面,援助衰退产业的同时扶持主导产业,以稳定就业和增长;在配套政策方面,从体制改革、技术创新到人才激励,环境、生态保护,营商环境进行全方位配套支持。

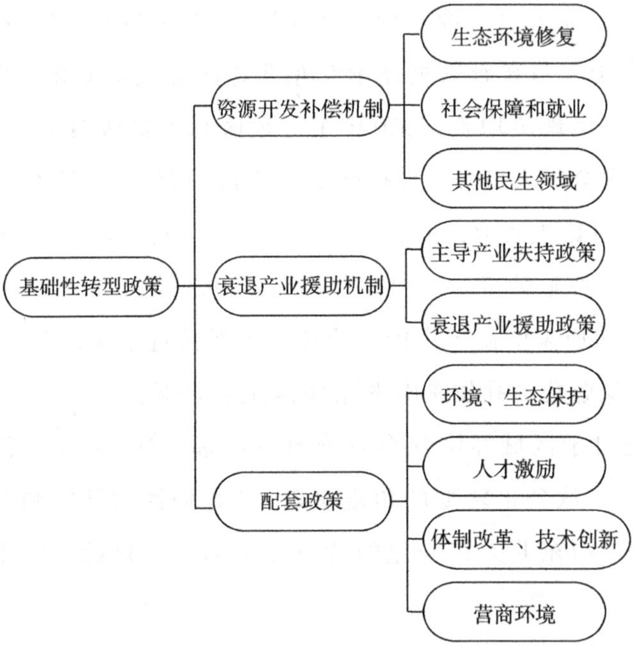

图3-2　东北振兴的基础性政策框架

在近20年的探索和实践中,东北振兴政策的基本思路是实现短期脱困,并致力于长期发展。短期脱困,一方面对资源开发造成的生态破坏进行公正修复;另一方面,解决民生问题,致力于社会保障和就业公正。长期发展,以调整优化产业结构为主,大力发展接续替代产业,打造产业多元发展体系。考虑东北经济和财政收入的现实困难,以财政、税收等政策为主的外部输血主要用于保障民生,解决历史遗留问题;以产业政策为主的内部造血主要用于打造内生动力。

（2）固定资产投资拉动的十年经济增长。

从2003年东北老工业基地振兴战略伊始，考虑国民经济产业体系的完整性，东北地区投资建设了一批重大项目，为短期拉动东北地区经济增长起到了明显的作用。2003—2013年，东北地区的投资率由32.49%上升至65.13%，提高了30多个百分点，而同期全国的投资率由40.37%增长到47.25%，仅上升7个百分点。[1]东北三省绝大部分时间的固定资产投资率都在30%以上，部分年度接近50%，并相继超过全国平均水平。

同样的投资情况也反映在企业层面，东北企业在这十年间实现了产出的快速扩张，企业产量大幅增加，企业数量迅速增长。同时，体制机制改革初见成效，90%国有工业企业完成产权制度改革[2]，一批龙头企业重塑行业竞争力，能源原材料、食品工业等产业规模大幅提升。

在固定资产投资拉动下，东北经济增速恢复到东北建设初期水平，创造了东北地区发展的“辉煌十年”。在此期间，东北三省地区生产总值年均增长10.3%。但值得注意的是，东北的固定资产投资以传统工业为主，尤其是能源化工项目在带来经济增长的同时，也为产能过剩埋下了伏笔。2013年，东北固定资产投资占全国的比重急速下降，其中黑龙江从2013年的2.57%下降到2018年的1.60%；吉林虽然保持在2%以上的水平，但呈现出下降趋势。[3]随之而来的是“辉煌十年”后的经济显著下滑，如图3-3所示，东北地区整体逐步下降到2018年的4.64%，同时东北地区生产总值占全国国内生产总值的比重也从2012年的9.39%降低至2018年的6.21%。

---

❶ 孙久文，苏玺鉴，闫昊生．新时代东北振兴的产业政策研究［J/OL］．经济纵横，2019：20-29. DOI：10.16528 /j.cnki.22-1054/f.201909019.

❷ 国家发展和改革委员会政研室．党领导东北地区振兴发展的历史经验与启示［EB/OL］．（2021-07-21）［2023-05-25］. https://www.ndrc.gov.cn/fggz/fgzy/xmtjd/202107/t20210721_1291202.html.

❸ 王洪章．东北发展面临的困难和问题［EB/OL］//东北发展面临的困难和问题．（2020-11-12）［2021-11-05］. https://finance.sina.com.cn/zl/china/2020 11 12/zl-iiznczxs1460752.shtml.

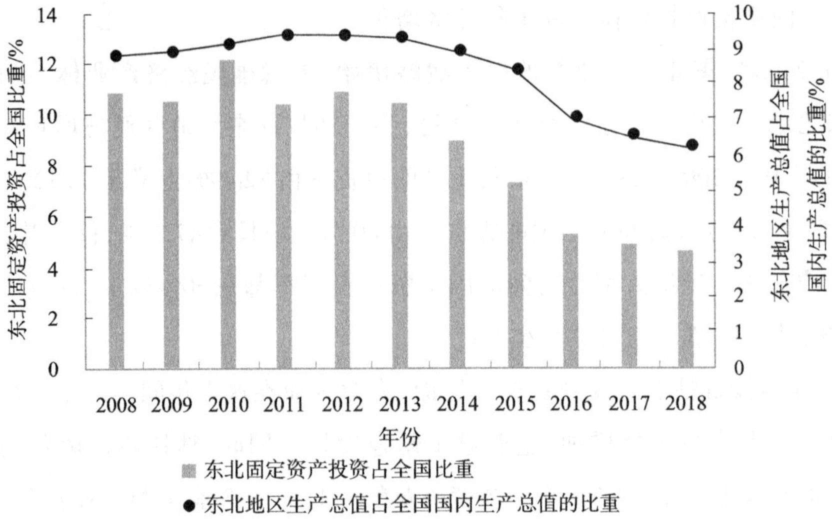

图 3-3　2008—2018 年东北地区固定资产投资和经济增长的变化

数据来源:各省统计年鉴。

(3)以改善民生为出发点和落脚点。

在东北振兴战略中,保障和改善民生是转型政策的核心。其中,财政和税收政策发挥了积极作用。财政政策集中于民生投入,如中央财政加大对东北地区一般性转移支付和社保、教育、就业、保障性住房等领域的财政支持力度;加大中央财政和预算内投资对资源枯竭、产业衰退地区和城区老工业区、独立工矿区、采煤沉陷区、国有林区等困难地区支持力度;完善对资源枯竭城市财政转移支付制度。

税收政策侧重于减轻地方和企业的负担,在东北振兴的初期阶段,增值税转型、农业税减免、国有企业政策性破产、豁免企业历史欠税等重大改革在东北地区先行先试,具体政策主要包括:为了减少生产型增值税对企业固定资产投资与设备更新改造产生的抑制效应,减轻资本有机构成相对较高的企业负担与提高企业竞争力,对东北装备制造、石油化工、冶金、造船、汽车制造、农产品加工、军工和高新技术这八个行业实行增值税转型改革;对东北地区在 1997 年 12 月 31 日前形成的确实难以归还的历史欠税,按照规定条件经国务院批准后给予豁免；对资源开采衰竭期的矿山企业及对低丰度油田，在地方具备承受能力的条件下适当降低资源税税额标准；允许八大行业企业对新购进机器设备所含增值税税金予以抵扣；适时提高固定资产折旧率和缩短无形资产摊销的期限，扩大企业研发经费加计扣除优惠政策适用范围，提高计税工资税前扣除标准等减轻企业负担的政策。2008年，《中华人民共和国企业所得税法》实施后，振兴东北老工业基地的企业所得税优惠政策有的已经失效，有的成为普遍性政策规定，由于没有相应的替代或补充，税收优惠整体效能下降。自2015年实施供给侧结构性改革以来，中央积极推出了包括"营改增"、简化税率结构、清理规范收费、支持创新发展等一系列减税降费政策。在进一步加大减税力度的语境下，除了资源税分配向资源产地基层政府倾斜，没有明确的税收优惠政策。❶

在民生改善的实践中，解决就业是重要抓手。从企业层面来看，一方面，通过财税政策扶持传统产业，减轻企业负担，实现援企稳岗；另一方面，通过企业改革等方式，迈向市场化，同步实现与社会保障系统的衔接。2004年5月，吉林、黑龙江正式启动完善城镇社会保障体系试点工作。东北初步建立了城市社会保障体系，主要包括就业政策、社会保险、社会救助和其他支持系统（教育扶贫、廉租住房、医疗救助、税费减免及促进全社会的扶贫帮困）等，惠及东北地区500万人左右的城市贫困人口。从职工个体就业层面来看，主要可以分为单位化下岗和市场化下岗两种形式。一般来说，市场化的措施要比单位化的措施交易成本低，实际上在制度安排不规范的情况下，每个下岗职工都要与企业领导进行单独的交涉。东北地区在企业稳岗和职工安置方面的主要措施如图3-4所示。

❶ 刘明慧．东北全面振兴的环境应对与减税政策走向[J]．地方财政研究，2019(1)：10-16.

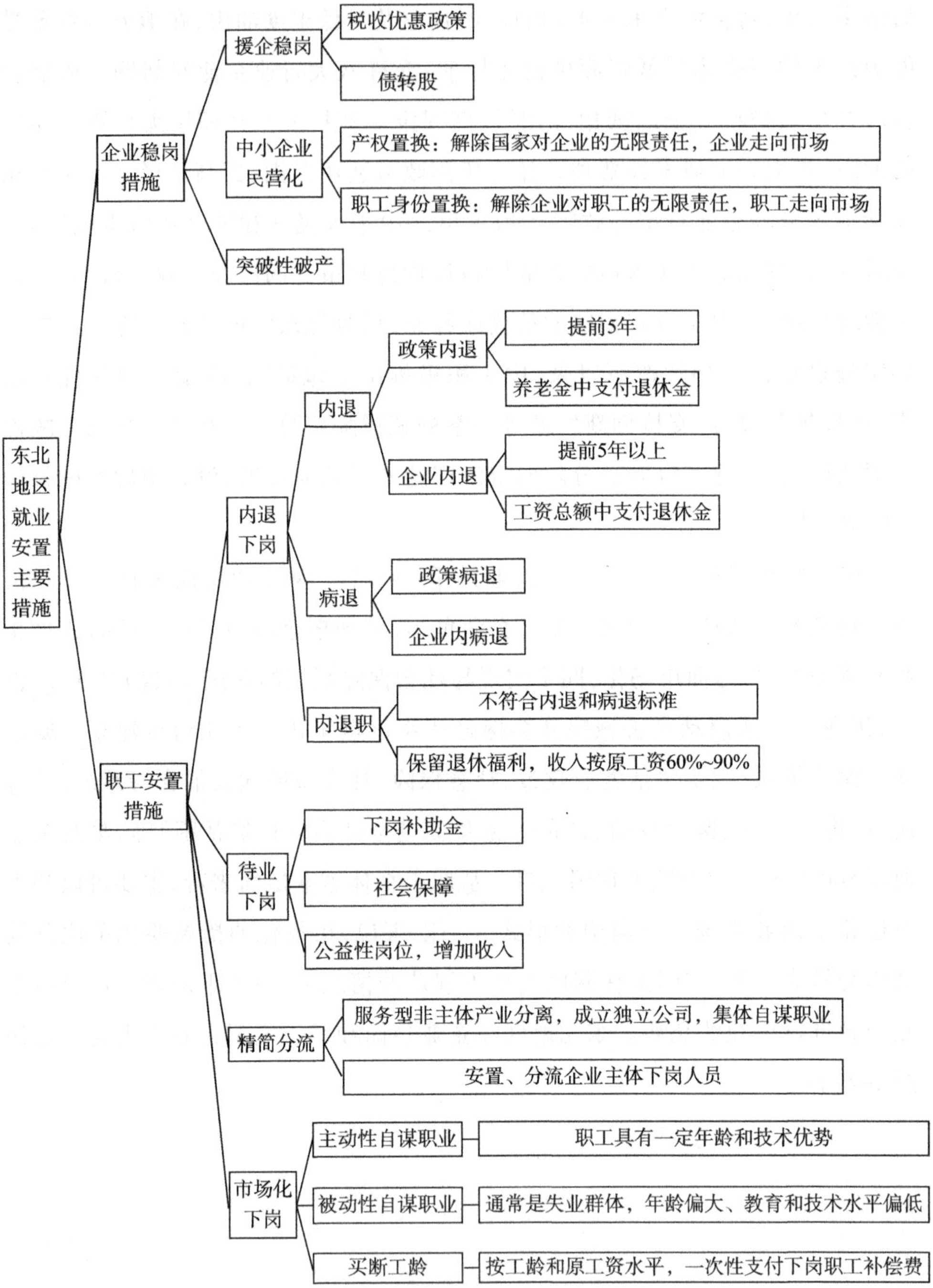

图 3-4　东北地区就业安置的主要措施

(4)产业政策逐步转向挖掘内生动力。

从产业政策来看,2004年起,东北各省分别出台了振兴老工业基地规划纲要和相关工作要点等指导性文件,如《黑龙江省人民政府关于印发哈大齐工业走廊产业布局总体规划的通知》(2005)。这些政策文件的主要着眼点在于整个区域的规划和产业发展环境的建设,目的在于为不再具有竞争优势的东北地区产业重新培育竞争优势,如长春市重点发展汽车及零部件、轨道客车、农业机械、玉米深加工、光电子和光电子信息、现代中药、皮革加工、鹿产品加工、软件开发等,并提出了相关的基础建设和政策优惠措施。在宏观层面的整体安排下,东北建立了明确的微观政策体系,配套的产业政策带来了大量投资,也拉动了"辉煌十年"。但在微观层面,东北地区持续发展的内生动力问题仍未得到根本解决。随着投资的驱动力逐渐下降,东北地区经济下行压力增大,产业发展出现新的问题。以吉林省为例,图3-5为吉林省产业结构变化图,2003—2012年,吉林省产业结构有小幅调整,效果并不明显。东北地区普遍有类似的问题。这也预示着2013年新一轮东北振兴战略的开启。

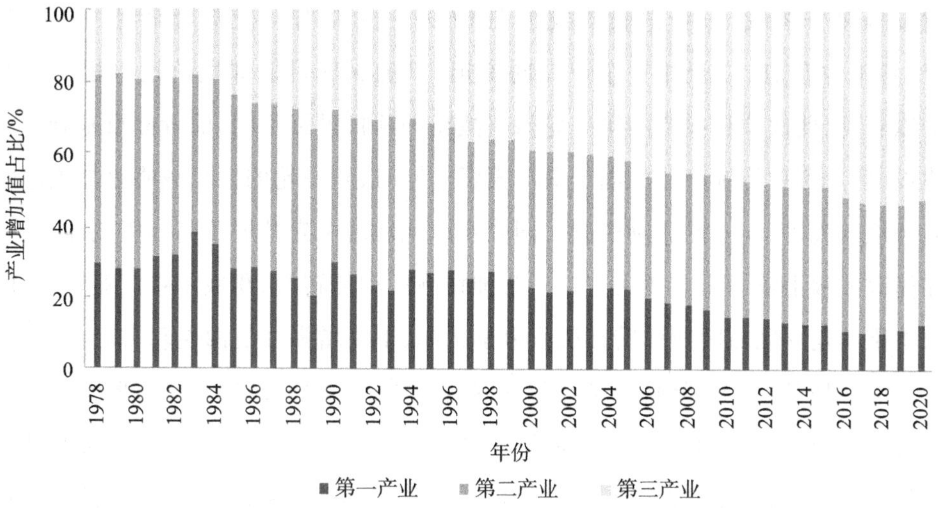

图3-5　1952—2020年吉林省产业结构变化趋势

数据来源:吉林省统计年鉴。

新一轮振兴战略中，产业政策明确瞄准了企业尤其是工业企业的结构调整、促进创新创业、强化供给侧结构性改革，以此创造经济发展的内生动力和长效机制。2014年，在中央层面，《国务院关于近期支持东北振兴若干重大政策举措的意见》提出激活市场、深化改革、推动创新和国企改革试点等11个方面、35条政策措施。2016年，《中共中央国务院关于全面振兴东北地区等老工业基地的若干意见》明确了东北地区的战略定位、发展目标、发展理念等内容，提出到2020年东北产业迈向中高端、2030年实现全面振兴。各省根据特色，做出相应的安排，如黑龙江更加强调绿色农业和粮食安全，吉林省以一汽、吉林石化等大型国企为抓手促进与新经济融合发展。

2016年，国家发展和改革委员会印发了《推进东北地区等老工业基地振兴三年滚动实施方案（2016—2018年）》（以下简称《实施方案》），努力保持投资需求稳定增长，其中打好投资组合拳是一大亮点。《实施方案》提出拟于2016—2018年开工建设的对东北振兴有全局性重要影响的、能够有效补短板和培育新动能的重大项目共127项，其中，2016年62项、2017年33项、2018年32项，主要涉及交通（含铁路、高速公路、机场、轨道交通）、能源、水利、工业、农业、城乡建设等多个领域，预计总投资规模在1.6万亿元左右。投资资金将由中央政府、各地方政府，以及相关企业共同承担，以确保项目能如期落地生根。我们可以看到，此次项目投资与第一轮振兴战略的项目投资不同，前者侧重基础设施建设，后者侧重传统产业的固定资产投资。同时，新一轮的振兴战略更加关注营商环境的改善、人才的激励机制。国家在东北地区率先开展营商环境试评价，并在简政放权上给予东北更大支持。为加快新旧动能转换，积极承接产业转移，国家将推动建立区域间产业转移税收分享机制，不断增强经济内生动力。

综上所述，东北产业政策经历了两个阶段：2003—2012年，东北产业政策以传统产业扶持为主，通过援企稳岗、企业改革等，重点缓解大规模失业及社会压力；2013年后，东北的产业政策以结构调整、挖掘内生动力为主，虽然在这一时期，东北地区宏观经济表现为地区生产总值在全国占比加速下滑，但产业结构有了显著的积极的结构性变化。

4. 经验总结

转型应把握早期机会。进入20世纪80年代后期,在市场化改革、资源枯竭等内外部环境变化的背景下,东北发展陷入滞缓,加之缺少应对产业衰退的有效经验,使东北一些结构单一地区面临巨大的转型压力。虽然这一阶段保护环境、提高资源利用效率、避免东北地区陷入衰退等内容已在各类政策文件中出现,但从实践结果看,对经济增长的过度追求使东北地区错失了最早的转型机会。[1]在转型中,接续替代产业的发展是需要时间的,因此转型应把握早期机会,避免被动性调整。

公正转型应兼顾短期脱困与长期发展。面对东北地区的经济困境,在振兴战略实施初期,以短期脱困和经济增长为目标,国家出台了包括投融资、专项支持、扩大增值税抵扣范围等多项优惠政策。这些政策的出台,在短期内降低了东北地区众多国有企业的经营成本和历史负担,为企业结构调整和技术改造创造了良好的外部环境。但国家对相关重化工业的过度投资,使中国进入工业化后期时,长期需求不足和结构性产能过剩之间的矛盾更加凸显。而东北在经济出现明显好转的十年间,未能及时将振兴的重点转到技术能力升级和区域自生能力升级上来,这为新一轮的产业调整带来了阻力。新一轮的振兴战略,以内生动力的产业政策为主,虽然经历了经济下滑之痛,但产业结构调整初见成效,也为长期经济结构调整和发展打下基础。由此来看,资源型地区的公正转型要长短结合。

政策体系应兼顾外部输血和内部造血。东北在逐步告别传统工业方式的同时,现代新兴产业发展规模还没有跟上,社会问题突出。面对困境,需要外部输血,但不能过度依赖,内部造血才是关键。东北振兴实践中,外部输血主要用于社会保障和就业,而内部造血则以产业结构调整、人才激励等为主。

转型成本受转型时间、路径等多种因素影响。转型的关键是接续、替代产业的发展,而产业结构的调整不是一蹴而就的,需要时间,也需要明确的方向和路径。接续、替代产业滞后的时间越长,就业压力就越大,而就业不仅关系

---

[1] 孙久文,苏玺鉴,闫昊生.新时代东北振兴的产业政策研究[J/OL].经济纵横,2019:20-29. DOI:10.16528/j.cnki.22-1054/f.201909019.

一个地区的经济增长、财政收入，同时也关系一个家庭的实际收入，影响居民的生存和生活质量。东北是最早资源枯竭的地区，因缺乏经验，以及对国内生产总值（GDP）的盲目追求，东北错失了最早的转型时机，同时接续和替代产业的发展滞后，使东北地区在就业和社会保障方面压力突出。根据辽宁省、吉林省和黑龙江省统计年鉴数据计算，截至2020年，东北三省地方公共财政中用于社会保障和就业的支出比例一直高于全国水平。沉重的社会负担无疑又进一步延缓了转型的步伐。

二、城市公正转型：资源型城市可持续发展

1. 背景

资源型城市是依托本地矿产、森林等自然资源发展起来的城市，资源型城市为我国的能源资源保障作出了重大历史性贡献。其中，资源枯竭型城市面临民生问题突出、生态环境压力大、内生动力不足等挑战。2001年12月28日，国务院正式认定阜新市为全国第一个资源枯竭型城市经济转型试点市，自此拉开了国家主导的资源枯竭城市转型序幕。

阜新是我国最早建立的能源基地之一，有“煤电之城”的称号。海州露天煤矿是中华人民共和国成立后第一座大型现代化露天煤矿，1953年7月1日正式投产，2005年6月因资源枯竭和开采成本上升而关闭。由于其经济结构是以煤炭为主导的单一经济结构，1998—2000年，随着当地资源枯竭，阜新市生产总值在辽宁省占比下降（图3-6）。劳动力安置问题也更突出，到2001年年底下岗失业人员为15.6万人，占全市职工总数的36.7%。[1]生态环境较为恶劣，矿坑口边地表沉陷，大面积的采煤沉陷盆地和露天坑面积相当于1120个标准足球场；残煤自燃、煤炭开采排放等原因造成空气严重污染。地方财政依赖补贴，2001年财政支出为18.27亿元，而收入仅为4.54亿元。

[1] 刘兆征．我国第一个资源型城市转型试点市——阜新［EB/OL］.（2016-08）［2022-05-24］. http://theory.people.com.cn/n1/2016/0801/c401815-28601819.html.；阜新市发展改革委员会．阜新市“十三五”规划［Z］. 2021.

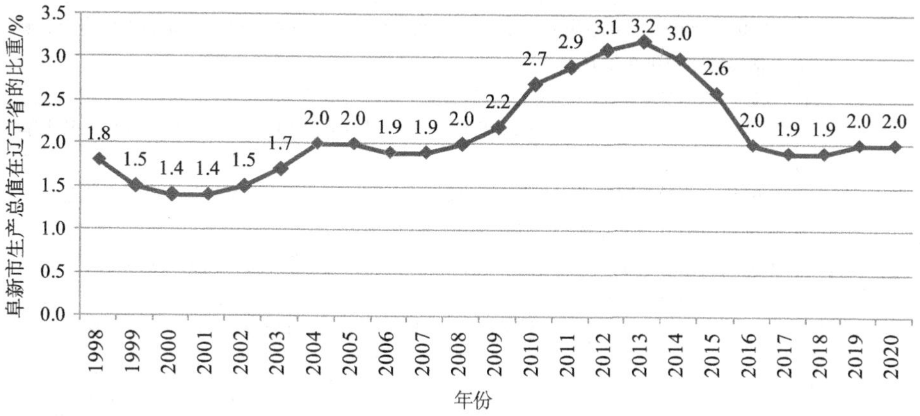

图3-6　阜新市生产总值在辽宁省的比重

2. 政策目标与行动举措

针对资源型城市的特点与问题，我国陆续出台政策引导与支持资源型城市发展，政策旨在增强资源枯竭型城市可持续发展能力，在巩固资源保障能力的基础上，促进地区经济活力、修复生态环境、改善人居环境、扩大就业规模，同时完善公共服务体系。政策体系经历了三个阶段，包括转型初期、可持续发展阶段和高质量发展阶段（图3-7），并提出不同着眼点。2003年，党中央、国务院作出振兴东北地区等老工业基地的战略决策，为资源枯竭城市转型提供了一定的政策基础。这一时期的转型公正主要体现在修复公正，即停止过去分配不公正的行为，同时对原有资源过度开发带来的一系列问题进行修复，逐步恢复其对生态、环境、社会等的影响。2013年，《全国资源型城市可持续发展规划（2013—2020）》发布，这是我国首个关于资源型城市可持续发展的国家级专项规划。规划强调资源型城市发展应建立在协调有序、公平公正和结构优化的基础上。2021年，国家发展和改革委员会等三部门联合发布《推进资源型地区高质量发展"十四五"实施方案》，在高质量发展政策中更加强调公共服务的均等化，将提高普惠性公共服务水平和提高居民基本生活保障，以及稳定和促进就业作为重要内容，以公正的方式分享高质量发展的成果。

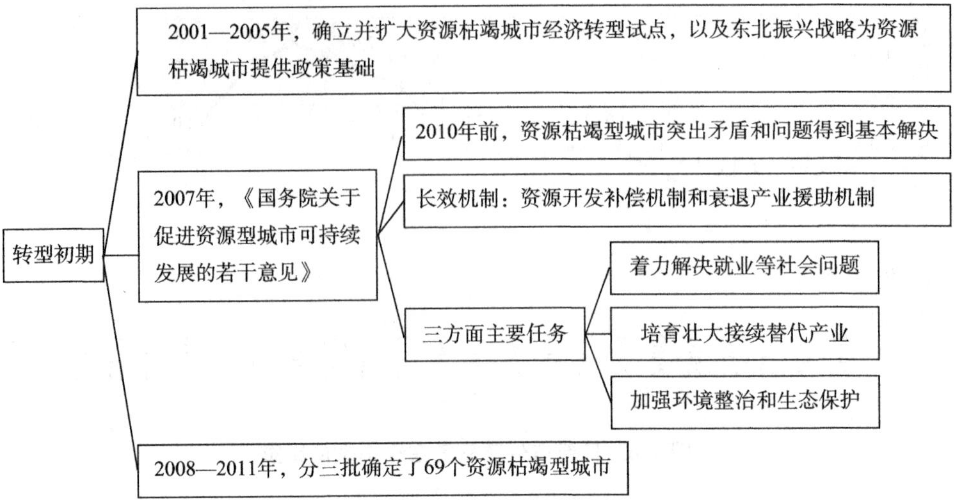

(a)资源型城市政策体系的转型初期

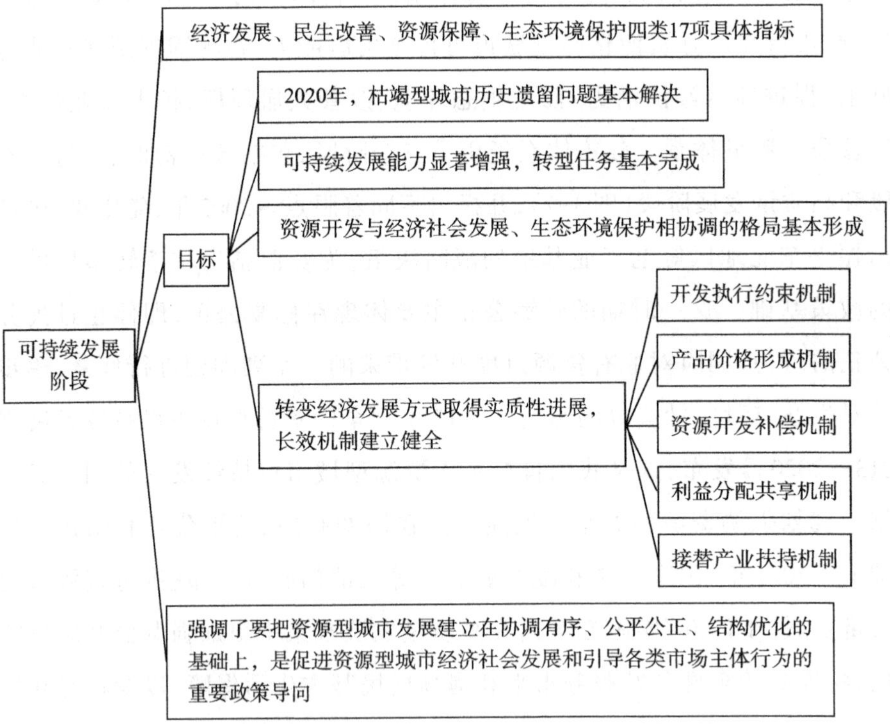

(b)资源型城市政策体系的可持续发展阶段

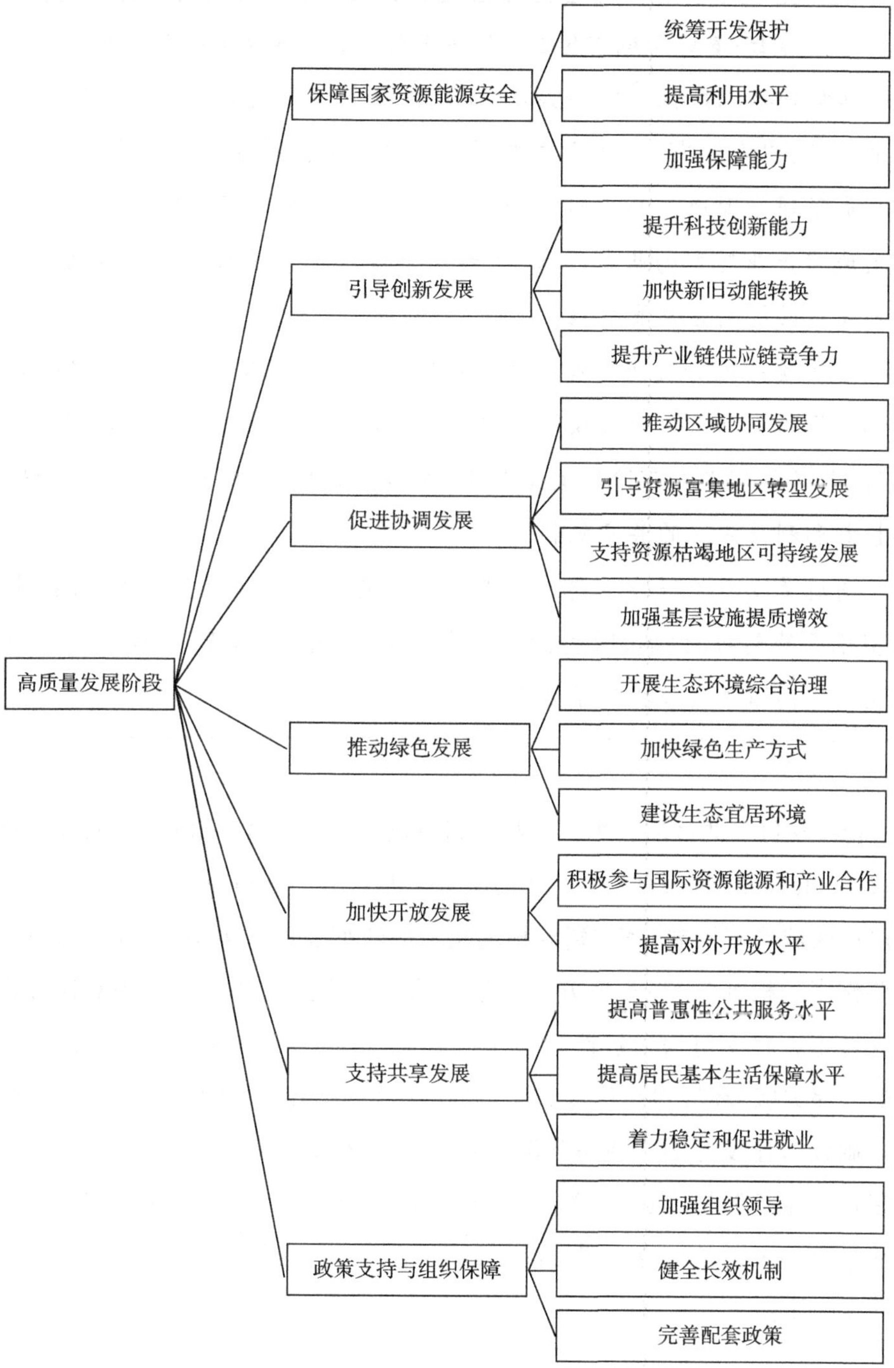

(c)资源型城市政策体系的高质量发展阶段

图3 7　资源型城市政策体系的发展情况

专栏：资源型城市转型政策体系的发展历程及主要着眼点

转型初期以民生改善(包括就业)、生态环境修复和接替产业培育为主要着眼点，以产业布局、就业保障、转移支付、税收制度等多方面扶持为主，并形成了通过财政转移支付、银行专项贷款和中央项目倾斜来促进资源枯竭型城市产业转型的基本思路，明确提出建立健全资源开发补偿机制和衰退产业援助机制等政策措施。

可持续发展阶段强调资源型城市发展应建立在协调有序、公平公正和结构优化的基础上。产业政策从初期阶段的衰退产业援助转向接替产业的扶持；长效机制在初期阶段的基础上，增加了开发秩序的约束机制、价格形成机制和利益分配的共享机制。

高质量发展阶段方案将资源能源安全的保障放在重要位置，并提出资源型地区的创新、协调、绿色、开放、共享发展，为“十四五”期间全面推进资源型地区高质量发展提供了方向。

转移支付强调区域公平。转移支付制度是与财政体制相配套的，是在财政事权、支出责任、收入划分既定基础上的“再平衡”，通过基本公共服务均等化来促进区域均衡发展。[1]在资源枯竭型地区转型发展政策中，转移支付发挥了重要作用。根据《中央对地方资源枯竭城市转移支付办法》，中央对地方资源枯竭城市转移支付为一般性转移支付资金，主要用于解决本地因资源开发产生的社保欠账、环境保护修复、棚户区搬迁改造、塌陷区治理、矿业权退出和公共基础设施建设等历史遗留问题和化解民生政策欠账。截至2021年，中央财政累计安排资源枯竭城市财力性转移支付资金约2100亿元，年度转移支付规模从最初的8亿多元增长到目前超过200亿元，且支付规模呈逐步上升趋势，如图3-8所示。

❶ 中国财政科学研究院2018年地方财政经济运行调研课题组，刘尚希，白景明，等. 从转移支付透视区域分化——地方财政经济运行调研报告[J]. 财政科学，2019(5).

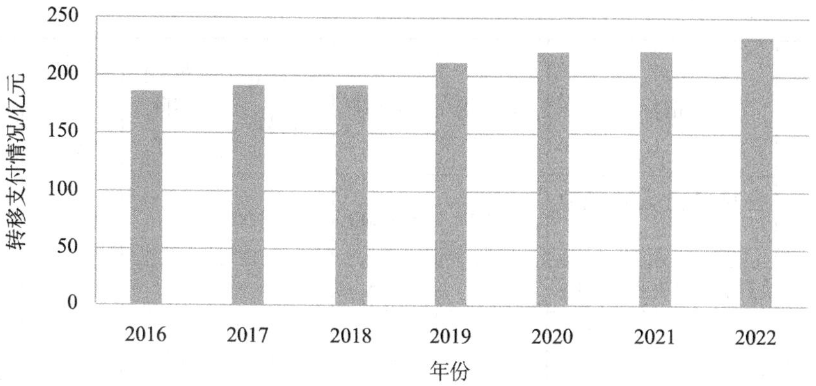

图 3-8　2016—2022 年中央对地方资源枯竭城市转移支付情况

3. 转型成果与经验

随着政策体系的逐步完善，各类资源型城市的转型方向更加明确，在中央财政转移支付及其他税收、产业政策支持下，全国 262 个资源型城市经济实力明显提升，经济结构不断优化；民生改善方面，居民人均可支配收入不断上升，居住环境和工作环境改善；资源保障和生态环境保护方面也有明显进步，具体指标及其完成情况见表 3-2。

表 3-2　资源型城市可持续发展目标完成情况

	指标	2012 年	2015 年	2020 年目标	2020 年实际水平	目标年均增长	实际年均增长
经济发展	地区生产总值/万亿元	15.7	19.8	29.1	26.8	8%	6%
	采矿业增加值占地区生产总值比重/%	12.8	11.3	8.8	5.5	[-4]	[-7.3]
	服务业增加值占地区生产总值比重/%	32	35	40	46.2	[8]	[14.2]
民生改善	城镇居民人均可支配收入/元	16 033	>20 200	>29 700		>8%	>8%

续表

	指标	2012年	2015年	2020年目标	2020年实际水平	目标年均增长	实际年均增长
民生改善	农村居民人均纯收入/元	7607	>9600	>14 100		>8%	>8%
	城镇登记失业率/%	4.5	<5	<5			
	棚户区改造完成率/%		>95	100	100		
	单位地区生产总值生产安全事故死亡率降低/%					[60]	
资源保障	新增重要矿产资源接续基地/处					[20]	27
	资源产出率提高/%					[25]	36
	森工城市森林覆盖率/%	62	62.6	63.6	>75	[1.6]	>13
生态环境保护	历史遗留矿山地质环境恢复治理率/%	28	35	45	56.8	[17]	28.8
	单位国内生产总值能源消耗降低/%					[28]	20%
	主要污染物排放总量减少/%	化学需氧量				[15]	
		二氧化硫		[15]			
		氨氮		[17]			
		氮氧化物		[17]			

资料来源:《全国资源型城市可持续发展规划》,人民网❶。

注:表中[ ]中数据为2012年到2020年累计数。

❶ 中国财政科学研究院2018年地方财政经济运行调研课题组,刘尚希,白景明,等.从转移支付透视区域分化——地方财政经济运行调研报告[J].财政科学,2019(5).

作为资源型城市转型的第一个探索者，阜新市自2001年开始转型以来，经济发展基本保持增长态势，人均可支配收入开始上涨，2010—2013年增长进一步提速，居民的收入和消费情况也反映了转型前后生活水平的变化。如图3-9所示，20世纪90年代开始，随着地区经济的衰退，阜新市城镇居民人均可支配收入从与全国平均水平齐平，快速下降到全国水平的56%左右。城镇居民人均每年消费支出曾一度超过国家平均水平，也快速下降到国家平均的65%。而随着阜新市转型的开始，居民收入和消费与全国平均水平的差距正在逐渐变小，2020年分别上升至全国平均水平的70%。

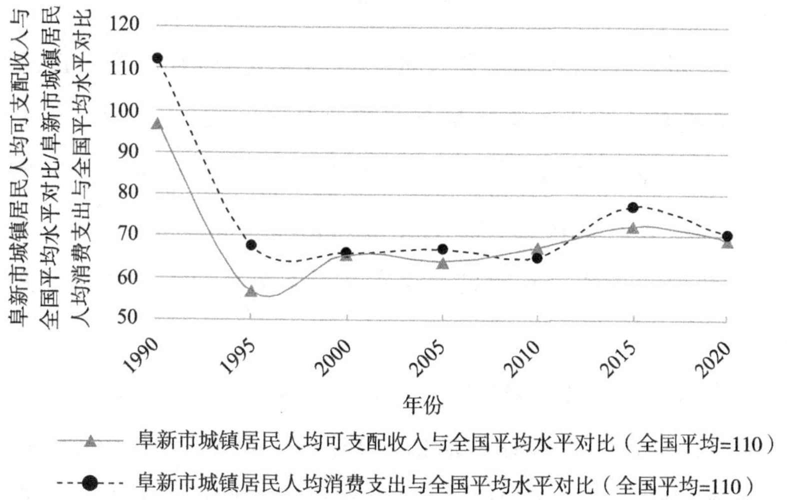

图3-9 城镇居民人均可支配收入和消费支出与全国平均水平的比较

从阜新市三次产业结构来看，第二产业比重从2000年的约40%下降到2020年26%左右，第三产业从47%上升到52%，第一产业比重也有近10%的增加。经过20年转型的探索之路，阜新培育壮大了新能源、绿色食品、高端装备、精细化工“四个优势产业”，2021年产值占规上工业比重达到80%。在低碳转型的同时，阜新利用自然禀赋并结合矿区综合治理，探索出了新能源发电、抽水蓄能和文化旅游等新的经济增长点，经济结构越来越多元化。

专栏:阜新市公正转型中的新经济增长点[1]

2005年8月,依据当年7月国家能源局领导和专家到阜新市调研时关于阜新适宜发展风电的建议,发改委办公厅下发了《关于加快风电设备本地化有关意见的通知》。2006年华能阜新风电项目筹备处成立,随后14家央企陆续入驻。截至2021年,投资的央企民企已达51家。随着2013年华能投资的彰武阿尔乡太阳能发电项目建成并网,阜新市的新能源发电逐渐多元化。2021年,阜新市新能源发电装机规模达到281万千瓦,占全省风电、光伏装机总规模的三分之一左右。阜新市积极发展新能源产业集群,成长出一批新能源公司,创造了5500多个就业岗位和可观的纳税额。

为利用海州矿矿坑的地理条件进行科学开发,同时改善矿区周边生态环境,实现废弃矿山和资源环境综合治理的目标,2021年11月,阜新市与中国长江三峡集团公司、清华大学签订合作协议,联合建设阜新海州矿抽水蓄能电站项目。项目总投资156亿元,分三期在海州露天矿建设360万千瓦抽水蓄能发电机组。储能设施的完善也有利于阜新消纳和充分利用更多新能源电力。

此外,海州露天矿在2009年年初成为国家矿山公园,被国家旅游局命名为全国首家工业遗产旅游示范区。2018年,阜新市与环保科技公司合作,通过土壤固化剂和抑尘剂控制矿山扬尘,新邱区举办了百年国际赛道城、2020年的草莓音乐节等活动,发展现代文化旅游产业。

从阜新的转型中我们可以看到,资源枯竭型城市的长期可持续发展离不开在"全国一盘棋"的思路下,中央在财政与技术等多方面的支持,如阜新根据地区资源优势逐渐培育和壮大风电等接续产业,进一步转型为新能源强市。在持续的中央预算内投资下,历史遗留的生态问题也在慢慢得到改善。资源型

[1] 阜新政务.新能源赋能新发展——阜新经济转型20年能源产业发展回眸[EB/OL].(2021-10-30)[2022-06-24]. https://liaoning.news.163.com/fuxin/21/1030/19/GNJ2MS2G04229BS6.html.

城市所在地方政府积极招商引资，鼓励创新，鼓励创业带动就业，推动了地区经济逐渐恢复活力，民生不断改善。

三、就业公正转型：煤炭和钢铁行业“去产能”就业安置实践

中国经过三十多年高速增长，经济发展已经步入新的阶段，人口红利逐渐减少，产能出现过剩，创新驱动不足。2015年11月10日，中央财经领导小组召开第十一次会议，习近平总书记发表的重要讲话中强调，在适度扩大总需求的同时，着力加强供给侧结构性改革，着力提高供给体系质量和效率。[1]其中，“去产能”让绝对过剩的产能退烧去热，是供给侧结构性改革的重要内容之一。“去产能”的过程必然伴随着原有低效的工作岗位的消失，就业安置是其公正性的最大挑战。在以积极稳妥化解过剩产能为首要任务的供给侧结构性改革中，对煤炭和钢铁等重点行业和山西省等重点地区的就业安置政策实践中，我们可以看到中国在就业公正方面所做出的努力。

1. 国家层面就业安置政策

2016年年初，国务院先后印发的《关于煤炭行业化解过剩产能实现脱困发展的意见》和《关于钢铁行业化解过剩产能实现脱困发展的意见》中明确要求，自2016年起，用3~5年时间退出产能5亿吨，减量重组5亿吨煤炭，较大幅度压缩煤炭产能；用5年时间压减粗钢产能1亿~1.5亿吨。据初步统计，煤炭和钢铁行业“去产能”涉及约180万人，其中煤炭系统约130万人，钢铁系统约50万人。[2]部分地方和企业若同时面临再就业空间不足、安置渠道狭窄等实际困难，妥善安置职工、保持社会稳定的压力就会更为突出。

为了确保煤炭和钢铁行业以公平和公正的方式平稳实现“去产能”任务，

---

[1] 刘云龙. 习近平治国理政“100句话”之：着力加强供给侧结构性改革[EB/OL]．(2016-01-14)[2023-05-25]. http://news.cnr.cn/dj/20160114/t20160114_521139969.shtml.

[2] 数字来源：人力资源和社会保障部部长尹蔚民于2016年2月29日在国新办举行的新闻发布会上的发言。

人社部于2016年先后发布了《关于在化解钢铁煤炭行业过剩产能实现脱困发展过程中做好职工安置工作的意见》和《关于实施化解过剩产能企业职工特别职业培训计划的通知》，为解决“去产能”过程中就业安置问题及帮助受影响群体实现脱贫提供了政策指引。

中央设立专项奖补资金，以妥善安置受影响的工人，资金规模高达1000亿元人民币。专项奖补资金分为基础奖补和梯级奖补资金两部分。其中，前者占资金总规模的80%，结合退出产能任务量、需安置职工人数及安置困难程度等因素综合分配。后者占资金总规模的20%，与各省份、中央企业化解过剩产能任务完成情况挂钩，对超额完成目标任务的省份和中央企业，按基础奖补资金的一定系数实行梯级奖补。专项奖补资金由地方政府和中央企业统筹用于符合要求的职工分流安置工作。在实际操作层面，地方、企业采取了多种政策和措施，包括：

•通过职业培训补贴和稳岗补贴支持职工转岗就业、企业内部分流；

•对符合一定条件的职工，实行内部退养；

•对解除劳动合同的职工，依法支付经济补偿，清偿拖欠的工资和社保；

•加大公益性岗位开发，对就业困难人员予以托底帮扶；

•对关闭破产等主体消亡企业的临近退休职工，在社保方面给予特殊政策；

•完善社会保险关系转移接续；

•推出技能培训、职业介绍等就业服务和就业创业扶持政策，不断完善职工安置的配套政策。

除财政资金奖补外，政府还对煤炭和钢铁行业提供税收优惠政策，以推动“去产能”工作的有序、平稳推进，主要优惠政策包括继续实行钢铁出口退税政策、取消加工贸易项下进口钢材保税、落实煤炭企业增值税抵扣政策、落实煤炭企业城镇土地使用税优惠政策、落实钢铁企业利用余压余热发电资源综合利用税收优惠政策。同时，政府通过税收优惠政策、土地出让收入政策和财务会计制度等，支持钢铁、煤炭企业进行收购、合并、债务重组和破产等。支持金融企业及时处置不良资产、通过专项建设基金支持符合条件的项目、通过出口信用保险支持钢铁、煤炭等行业“走出去”。此外，实施鼓励煤层气开发利用的财政政策，“十三五”期间，煤层气（瓦斯）开采利用中央财政补贴标准从0.2元/立方米提高到0.3元/立方米。

综上所述，在供给侧结构性改革的大背景下，我国煤炭和钢铁行业“去产能”过程中，财税政策发挥了积极作用。2016—2019年，我国累计压减粗钢产能1.5亿吨以上，退出煤炭落后产能8.1亿吨，淘汰关停落后煤电机组2000万千瓦以上。其中，中央企业关闭退出钢铁产能1644万吨，煤炭产能1.19亿吨，整合煤炭资源2.4亿吨，妥善分流安置职工12万人。[1]“去产能”工作的推进，改善了煤炭行业的经营状况。2015年，煤炭、钢铁行业的利润分别为441亿元、526亿元，2016年两者分别为1091亿元、1659亿元，2017年更是达到2959亿元、3419亿元。[2]

2. 山西省就业安置：以企业内转岗分流为主

山西省作为中国重要的煤炭基地，是煤炭“去产能”政策影响较大的省份之一。2016年，山西省人民政府发布《山西省煤炭供给侧结构性改革实施意见》，提出到2020年，全省有序退出煤炭过剩产能1亿吨以上。针对“去产能”过程中面临的人员安置问题，山西省人社厅先后发布了《关于全力做好职工就业安置的实施细则》《关于做好化解煤炭钢铁行业过剩产能职工安置工作的实施意见》（晋政办发〔2016〕111号）等，明确提出了12条具体的“去产能”职工安置的帮扶政策。在政策执行层面，山西省“去产能”就业安置工作以企业转岗分流为主。

从资金安排来看，山西省从就业专项资金和失业保险基金中支出22亿元，用于支持企业内部转岗安置、对外转移就业、职工创业就业等。其中，省人社厅从就业专项资金或失业保险基金中给予相关“去产能”企业需要安置的职工一次性安置补助。前者为吸纳就业补贴，主要是针对通过主辅分离、多种经营、兼并重组等方式成立新企业来吸纳就业并实现职工分流安置的煤炭企业，按照每人1000元的标准进行补助性发放；而后者为转岗安置补贴，主要是针对

---

❶ 2020年12月29日召开的国务院国资委媒体通气会。

❷ 徐奇渊．“去产能”的进展、冲击与反思［R］．中国社会科学院世界经济与政治研究所，2014．

在企业集团内部以转岗的方式来实现职工安置的煤炭企业，按照每人3000元的标准进行补贴发放。

从执行效果来看，山西省就业安置以企业内部转岗分流为主。山西省“去产能”过程中企业职工安置主要有三种情况，即符合一定年龄条件的实行内部退养、企业集团内部转岗安置、离岗再就业或创业。2016年，山西省煤炭行业“去产能”涉及需要安置的职工21 013人，到年底完成职工安置20 937人，安置率约为99.64%（图3-10）。其中，实现企业内部转岗安置的职工人数为19 071人，占比91.1%；采取企业内部退养形式安置的职工人数为377人，占比1.8%；其他因各种情况解除或终止劳动关系的职工人数为1489人，占比7.1%。山西省煤炭行业“去产能”职工安置率高出全国平均水平8.8个百分点，取得了较好的安置效果。2017年，山西省煤炭钢铁“去产能”企业共29户（含钢铁企业2户），计划分流安置职工21 944人（含钢铁企业2732人），实际分流安置率为90%。从分流安置渠道看：内部转岗安置为15 764人，占比80%；内部退养1419人，占比7%；解除劳动关系2574人，占比13%。[1]

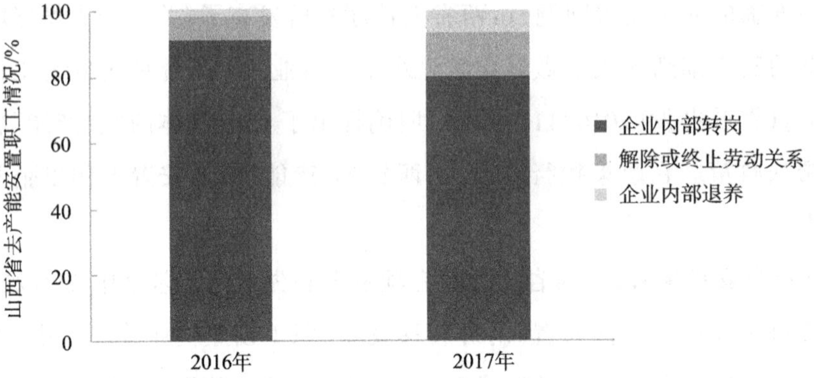

图3-10　山西省2016年和2017年“去产能”安置职工情况

从企业实践来看，山西省“去产能”企业在扩大就业岗位、开展职工培训、搭建人力资源平台等方面采取了很多创新性的措施。在职工培训方面，为“去

[1] 刘燕斌，孟续铎，黄湘闽．山西省煤炭企业“去产能”中职工安置问题研究（2013-2017）[R]．2019.

产能”企业提供一定的资金支持(培训补贴每人1200元或创业培训补贴每人1800元),并由企业自主选择培训内容;在人力资源匹配方面,省人社厅倡议煤炭企业共同成立人力资源公司。其中,山西焦煤集团和西山煤电集团分别注资2000万元搭建人力资源供需平台,并积极与滴滴等公司合作,拓宽就业渠道;在扩大就业岗位方面,“去产能”企业积极开展创新孵化、产业链延展,以及拓展新的业务领域,以促进转岗分流。

案例1　山西同煤集团创建养殖基地拓展职工转岗新路径[❶]

为实现企业“去产能”职工安置工作,山西省煤炭企业创新思路、拓展途径,不断开发新的职工转岗就业新路径。山西同煤集团创立的宏瑞劳务公司利用富余土地、创新发展思路,建立了一座牲畜养殖及蔬菜种植一体化的养殖基地。该基地主要由同煤集团地质勘探项目部负责,充分利用了集团内的富余劳动力。

在项目人员缺乏甚至从未接触过蔬菜种植和畜禽养殖方面技术知识的情况下,全体项目组成员从零学起,领导带头、职工跟进,通过自学和聘请专业技术人员进行现场授课等多种形式,学习了种植、养殖、疾病防治等多方面技能,不仅为企业安置职工开辟了新道路,也有利于职工自身的知识技能扩展。养殖基地开发建设了蔬菜种植大棚,实现了大棚根据一年四季的市场需要进行蔬菜种植,培育反季节蔬菜。截至2016年,宏瑞养殖基地种植的蔬菜品种已达20多个;同时,基地还养殖了猪、鸭、珍珠鸡等各类有销售前景的畜禽品种,逐步将产品推向市场。山西同煤集团创建宏瑞养殖基地不仅开拓了企业经营业务,也给富余职工提供了更多的就业岗位选择。

3. 河北省就业安置:扩大行业范围

河北省是工业大省,在“去产能”任务中,河北省将“去产能”职工安置范围

❶ 刘燕斌,孟续铎,黄湘闽. 山西省煤炭企业“去产能”中职工安置问题研究(2013–2017)[R]. 2019.

逐步扩大到钢铁、煤炭、水泥、玻璃、焦炭、火电6个高耗煤行业。河北省制定了职工安置政策，包括援企稳岗政策中进一步提高标准延长期限、实行内部退养、实行等待退休、给予特定政策补助、鼓励企业兼并重组、促进失业职工就业创业、提供失业保险支持、开展职业培训、公益性岗位兜底安置等。

河北省“去产能”就业安置政策措施具体如图3-11所示。在就业安置政策方面，针对未解除劳动合同的职工，可根据实际年龄采取“内部退养”和“等待退休”两种安置方式。根据相关政策，“去产能”企业职工内部退养年限由距退休5年延长至10年。针对已解除劳动关系且年纪偏大、就业技能差的人群，政府实行兜底援助，通过就业资金买断等方式，与用人单位合作并提供交通协管、治安巡逻、社区服务、机关后勤等30多种公益性岗位。针对已解除劳动关系但有自主创业意向的人群，政府提供就业创业精准服务，开展专场招聘活动，并落实创业贷款、孵化服务、场地租赁等就业创业扶持政策。

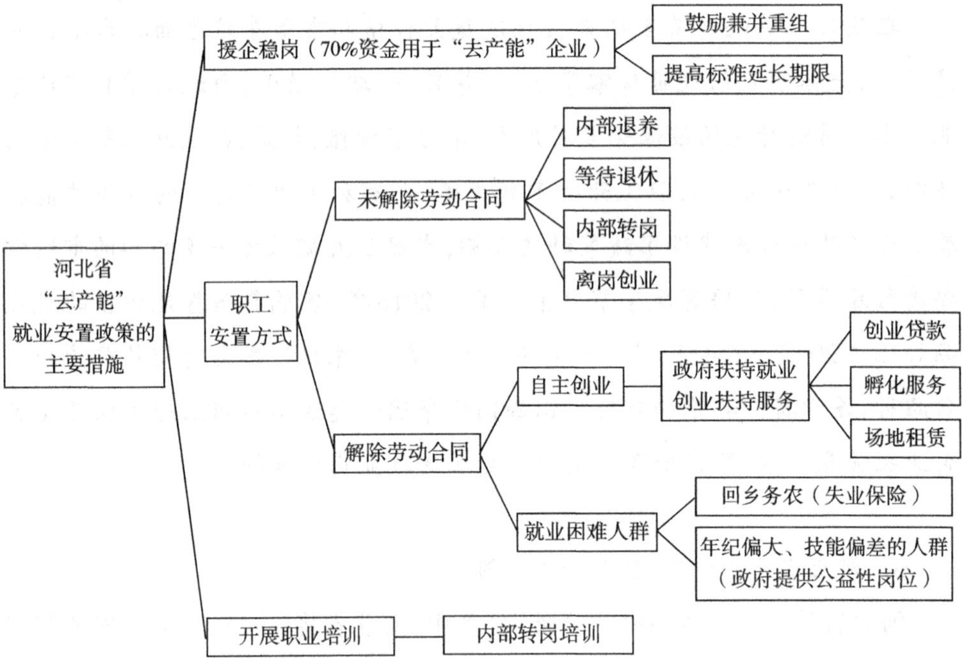

图3-11　河北省“去产能”就业安置政策措施

在资金安排方面，河北省的财政专项奖补资金可用于内部转岗职工社会保险费和基本生活费。其中，对企业内部转岗培训给予每人800元的培训补贴；调整公益性岗位补贴标准，参照当地最低工资标准由各地自主确定。加大援企稳岗力度，增加援企稳岗资金，70%用于“去产能”企业。此外，允许企业与职工协商保留劳动关系离岗创业。对与企业解除劳动关系的就业困难人员先安置、后补偿，通过公益性岗位兜底帮扶。

在就业安置的成效方面，据河北省人社厅的统计数据，2016年，全省通过企业转岗分流安置3.25万人，内部退养安置0.48万人，通过企业吸纳分流安置0.24万人，自主创业安置0.48万人，公益性岗位安置0.13万人。此外，还有一些分流职工选择回乡务农或享受失业保险待遇。总体上看，2016年全省共涉及93家企业共计58 249名“去产能”职业工人需要安置，目前已妥善安置57 785人，安置率达99%。

在结构调整的过程，劳动力的空间错配和能力错配是公正转型的重要挑战。就业公正的实现需要在结构调整、区域发展、能力建设等方面统筹推进，提前做出科学规划和必要的资金安排，并与社会保障体系做好充分衔接。从上述案例来看，援企稳岗、内部转岗、解除劳动合同、公益性岗位兜底是现阶段的主要安置渠道，与时俱进融合就业新形态也是扩大就业的一种有效方式。总体来说，职工安置工作不能一刀切，需要适时稳步推进。扩大就业机会、加强能力建设是公正转型的关键，同时加强员工的心理疏导、建立良好的沟通和对话机制也是确保就业安置工作顺利推进的重要因素。

第四章　应对气候变化背景下国际公正转型的探索

国外公正转型各具特色，各国根据其对公正转型的理解及应对气候变化过程中的核心关注点，分别建立起相应的制度框架，也为其他国家纳入和实施公正转型提供了多元选择方案和多方面的经验借鉴。本章主要梳理《巴黎协定》签署以来，国外主要地区在国家、地区、企业和社区等层面就公正转型的机制、规划、政策工具、资金机制等方面的实践和探索。

一、公正转型纳入长期发展规划

1. 欧盟绿色新政中的公正转型

在气候危机和环境退化给世界带来挑战的背景下，欧盟国家意识到挑战背后的变革机遇，即建立全新的经济结构。欧盟委员会于2019年12月11日发布了增长战略文件《欧洲绿色新政》(*European Great Deal*，以下简称《新政》)提出通过向清洁能源和循环经济转型，使欧洲2030年温室气体排放相较1990年降低至少55%，到2050年成为全球首个碳中和大陆。《新政》提出到2050年实现温室气体净零排放、经济增长与资源消耗脱钩、个体和区域的包容性发展三大目标。具体而言，包容性发展目标包括支持弱势群体解决不平等和能源贫困问题；帮助欧洲本地创造可持续的、本地的、高薪的就业机会，包括到2030年建筑业创造额外16万个绿色岗位。

《新政》下的金融和区域发展行动模块共有六项：下一代欧盟（NextGenerationEU）、恢复和弹性基金（Recovery and Resilience Facility）、公正转型机制（Just Transition Mechanism）、下一代欧盟绿色债券（NextGenerationEU green bonds）、可持续金融（Suatainable finance）和绿色转型改革支持（Green transition reform support）。欧盟的公正转型致力于通过经济多样化促进欧洲经济高质量发展、保障转型下的社会民生尤其是促进就业和培训、减轻气候转型所引起的社会经济成本，以及促进清洁能源的发展和修复环境。公正转型基金的用途包括但不限于：对中小企业的生产性投资、新公司的创建、研究和创新、环境修复、清洁能源、工人的提升和再培训、求职援助，以及在能带来大幅减排和保护就业的情况下改造现有的碳密集设施和行业。欧盟公正转型机制三大支柱下的具体行动详见专栏。

专栏：公正转型机制及其三大支柱

公正转型机制是确保以公正的方式向气候中性经济过渡，确保包容性发展的关键工具。公正转型机制重点关注面临最大挑战的地区、行业和工人，包括煤炭行业和煤炭资源型地区。

公正转型政策工具主要包括公正转型基金（Just Transition Fund）、公正转型平台（The Just Transition Platform）、公正转型中的煤炭地区倡议（Initiative for Coal Regions in Transition）。

公正转型基金

公正转型基金在2020年由欧盟理事会和欧洲议会共同立法通过，作为支持各地区2050年碳中和转型的政策工具之一。欧盟成员国需要编制区域公正转型计划（Territorial Just Transition Plans），并经欧盟批准后，才能申请公正转型基金，支持当地相关项目和活动。区域公正转型计划需要以附件形式纳入凝聚政策项目中；欧盟委员会及其煤炭转型平台具体负责公正转型机制的运行管理。公正转型机制资金机制主要包括公正转型基金、投资欧盟计划（Invest EU Programme）和欧洲投资银行的公共部门贷款工具（The Public Sector Loan Facility）。具体内容及运作机制详见4.4小节。

公正转型平台

公正转型平台通过技术手段帮助欧盟国家和地区实现公正转型，它提供全面的技术援助和咨询支持，提供利益相关方所需的转型信息、指引和知识。有关部门可以通过平台了解有关公正转型基金的一切信息，包括可以申请的机会、相关监管措施或行业动态更新。该平台还积极促进以高耗能行业和资源型地区为代表的利益相关者之间交流最佳实践和分享知识，包括通过定期的线下和网络会议聚会。此外，平台还会定期邀请金融机构、社会合作伙伴、企业代表、青年组织和转型专家讨论公正转型的需求和挑战。另一项关键举措是成立负责碳密集地区的公正转型工作组，重点关注钢铁、水泥、化工和利益相关者战略。

公正转型中的煤炭地区倡议

"转型中的煤炭地区倡议"是公正转型平台的基础，倡议的主旨是协助欧盟各国及生产煤、泥炭和油页岩的地区应对在低碳经济转型过程中出现的困难，并帮助这些地区在转型过程中创造就业机会并带来经济增长。倡议由欧盟委员会总秘书处协调，由能源、区域政策和研究总局领导。项目的协调工作主要由一个专家小团队进行，2019年起部分事务交由第三方智库等机构负责。倡议并不涉及申请额外的资金，只是在现有资金来源的基础上，帮助煤炭地区甄别并利用现有的资金和资源解决更重要更紧迫的问题。任何煤炭地区转型的利益相关方都可以在自愿的基础上参加，包括本地、区域和国家政府，企业及工会，非政府组织和学术机构等。与公正转型平台类似，倡议也有促进跨地域跨领域的对话，分享经验及信息，发布欧盟的最新项目和进展，提供转型战略规划阶段的技术支持等功能。

2. 西班牙公正转型战略

应对气候变化对西班牙经济来说至关重要。基于气候对西班牙的农林畜牧、休闲旅游业和人民健康的重要影响,2019年2月,西班牙政府通过了能源和气候战略框架(Strategic Framework for Energy and Climate),旨在通过一系列措施促进向集约、可持续和有竞争力的发展模式转变,帮助减缓气候变化。该战略框架包括三个主要部分:气候变化法案、国家能源和气候综合计划和公正转型战略,[1]共同支持西班牙建立稳定强劲的低碳经济框架。气候变化法案为低碳发展提供长期路线图;国家能源和气候综合计划则根据2050年实现净零排放的目标提出了中期(2021—2030年)计划;而基于包容一致原则的公正转型战略,强调确保所有地区和人民抓住转型机会,在最大化生态转型收益的同时最小化其负面影响。

公正转型战略的内容侧重于保障民生和就业及支持经济转型。西班牙的失业率在欧洲处于较高水平,在民生和就业方面的具体措施主要包括减少女性等特殊困难群体面临的就业不公正、充分考虑农村地区的特点、提供绿色职业培训和增强政府部门能力建设以便更好预测就业市场;在经济转型层面,评估相关机构的研发和创新现状,并提出产业、研发、创新和数字化等方面的政策。

专栏:西班牙国家公正转型战略内容摘要

公正转型战略目标:

通过经济体的生态转型创造就业机会、提高竞争力和社会凝聚力。

确保机会平等分配,一方面通过两性平等措施减少生态转型中妇女在劳动力市场的机会不平等,另一方面对有特殊困难的群体采取措施。

为公共行政部门和西班牙社会提供动态和前瞻的观察能力,以便了解劳动力市场在生态转型影响下的情形和趋势。

---

[1] MINISTRY OF THE ECOLOGICAL TRANSITION, SPAIN. The Just Transition Strategy within the Strategic Energy and Climate Framework[R/OL]. 2019:20. https://www.miteco.gob.es/en/prensa/etj-english-interactive_tcm38-505653.pdf.

在可持续和一体化的框架之下，通过将农村地区的特征纳入考虑范围，以减缓人口负增长。

推动跨部门论坛，以便经济和社会行动者更好地了解生态转变的可能性。

通过在主要经济部门执行计划来识别转型面临的挑战、机会、威胁和所需措施，并预测在部门一级和特定地理范围内绿色低碳转型可能产生的不利影响，以便补充这些执行计划。

评估国家政府及其商业支持机构现有的研发与开发活动，如融资、贷款、担保、培训和咨询等，并为它们适应和支持生态转型提出改进方向。

提出产业、研究、发展、创新、数字化、经济发展、投资促进、积极就业和职业培训等政策，协调国家总局、自治区、地方和社会主体，利用转型的机会实现最佳就业效果，提高竞争力。

通过《公正转型协议》尽量减少对脆弱地区的负面影响，并在技术和财政上支持不同的行政部门、代理人和社会组织促进协议的实施。

为战略部门和受影响群体拟订《公正转型协议》，并支持其执行。

为受煤电厂关闭影响的煤炭地区和群体提出一项紧急公正转型行动计划。

《公正转型协议》：

《公正转型协议》将根据“公正转型战略”的目标和标准提出全面的地区行动计划，把维持和创造该地区的经济活动和就业作为优先目标，通过支持易受影响的部门和群体，并根据社会经济情况促进多样化和专业化。《公正转型协议》将由生态转型部、劳动和社会经济部、社会保障和移民部及工业、旅游和贸易部和其他政府部门共同签署。

在面临人口减少风险的地区实施《公正转型协议》时，将考虑国家战略中应对人口挑战的举措，如促进超高速电信网络和数字平台的部署、对初创企业的支持等。这些地区的选定，与每五年一次的“公正转型战略”诊断同步进行，并在中期进行必要的调整或纠正。

《公正转型协议》内容包括：

对受影响地理区域或群体的脆弱性状况的评估。

协议各方的承诺，包括受益于转型支持的公司。

在税收、融资、研发开发、就业、社会保护和培训活动等领域采取措施，以鼓励工人适应转型。

行动时间表，可衡量的目标和监测机制。

还可能包括优先获得部分或全部发电能力，以及在发电设施关闭后的优先用水权和水量权；采取紧急措施对关停的热力发电厂进行必要的经济补偿。

二、地区行动方案

1. 美国科罗拉多公正转型计划

由于可再生能源价格逐渐低廉的竞争和公众健康、气候变化的法律法规约束，科罗拉多州像美国其他地区一样，正在经历电力系统去煤炭转型。虽然转型创造了许多新的机会，但它也会导致以煤炭开采和煤电为生计的社区失去稳定、高薪的工作机会。2019年，科罗拉多州作出了“通过公正、包容的转型帮助为科罗拉多供电的工人和社区”的承诺，成立了科罗拉多公正转型办公室（OJT）。随后一年，代表众多利益相关方的科罗拉多州公正转型咨询委员会经过大量研究草拟了公正转型计划，该计划预计将持续多年，经历三个阶段：战略准备阶段（预期为2019—2023年）、煤炭和煤电厂关闭阶段（预期为2023—2030年）、煤炭社区和从业者转型及完成阶段（直至转型目标达成）。

转型计划的主要目的是帮助煤炭转型社区和工人过渡到繁荣的未来，避免科罗拉多州的经济萧条。转型计划共有三大目标：帮助所有社区获得更多的足以支持家庭生计的工作岗位和更多样化的经济，帮助被煤炭行业或相关行业解雇的工人获得新的工作机会和稳定的经济来源，以及从公共财政、社会资本和非营利机构中识别潜在的资金来源支持科罗拉多州公正转型计划。

专栏：科罗拉多州公正转型计划三大策略的具体行动

策略一：社区

A. 协调联邦和州现有项目以支持地方战略的实施

在受到转型影响格外严重的社区或地区成立行动团队，协调现有的联邦项目、资金和基础设施投资，一对一地支持转型社区公正转型。

B. 将创业、扩张、留存和吸引商业作为目标

取消对招商引资的资金规模要求，吸引更多潜在雇主和创造就业岗位。同时，在2021年拨款50万美元用于受转型影响最严重的社区吸引投资；提供免费咨询培训及鼓励企业家精神等。

C. 赋权社区，以推动其自身的经济转型

州地方事务部门在当年拨款50万美元用于受转型影响最严重社区建设人才队伍，帮助社区制定和实施自己的转型策略。公正转型办公室还牵头组织煤炭转型社区之间的全国性网络，以分享转型相关经验。

D. 协调基础设施投资，以支持区域和当地的转型策略

州政府部门组建一个协调行动小组，以利用现有资源最大限度支持当地的转型策略，鼓励社区通过识别本区域的投资需求来参与此进程。

E. 识别和支持联邦、区域和当地机构以促进投资

公正转型办公室将与相关政府部门合作，并咨询各利益相关方，创建高效可靠的治理结构和金融机构网络，以支持煤炭社区转型所需的投资。

F. 吸引拨款和投资以推动当地经济增长

公正转型办公室与利益相关方合作，就投资者的兴趣收集意见。通过与不同投资者对话，广泛和深入地评估投资者支持煤炭转型社区经济多样化的兴趣和能力。

策略二：工人

A. 赋权工人及其家庭尽早对未来进行规划

公正转型办公室与州劳动部门的就业与发展中心合作制定外联计划、工具包和行动计划，以便在相关工厂关闭前部署(最好提前至少2年)。

B. 鼓励联邦政府牵头制定针对受能源转型影响的工人的国家战略

与州长办公室联合，探索在联邦制定针对能源部门失业工人的国家战略的可行性。通过和相关团体分享概念并争取支持。

C. 准备一个针对失业工人技能学习、就业或创业的州级项目

公正转型办公室牵头，与劳动部门联合制定一份旨在帮助失业工人技能发展和培训的提案，以便促进失业工人的未来发展。

D. 探索能够确保经历转型的家庭有稳定经济来源的策略

与本地经济学家合作，评估不同援助项目的成本，以支持未来政策制定。探索煤炭行业的雇主在帮助工人转型中可以且应该扮演的角色。讨论全国各地的经验、充分了解现有临时项目(如失业保险、贸易调整援助)的作用。

策略三：资金

A. 为科罗拉多州进一步支持公正转型战略制定切合实际的方案

与本地经济学家合作，对项目成本和煤炭转型社区可能损失的财政收入进行估计。同时，与财政专家合作，确定具体的资金来源，包括重新支配现有财政收入和税收支出。

B. 与公用事业和矿业公司合作，增加转型资金

直接与发电厂和矿主合作，并协助制定支持工人和社区转型的战略。进一步探索可通过监管过程发挥杠杆作用的选项，包括证券化——电力公司通过发行低成本的公司证券，为化石燃料退役和向可再生能源的过渡提供资金。

C. 确保公正转型办公室有足够的能力来发展和实施本计划

科罗拉多州劳动部门将通过合适的渠道支持公正转型办公室的预算请求，并提供任何所需的数据和其他信息，以决定未来是否在州预算中为公正转型办公室预留更多的资金。

2. 捷克煤炭资源型地区转型规划

像欧洲许多国家一样，受经济和技术因素的影响，捷克国内煤炭开采和相关工作岗位的数量在过去二十年中大幅减少，煤炭产区面临长期以来高于全国平均的失业率、经济发展滞后压力、当地人口受教育水平不足和研发、投资不足等挑战。为支持捷克三个煤炭资源型地区（Usti，Moravian-Silesian 和 Karlovy Vary）的转型，2017 年捷克政府出台了 RE:START 战略框架。战略的行动实施计划每年更新，最新的六大战略核心包括：商业和创业、外商直接投资、研究与实验发展、人力资源、社会稳定、基础设施和环境。围绕这六大核心，实施计划为地区转型设定了主要目标，即培育面向全球化市场的商业、吸引高附加值的直接投资、进行有益经济的研发活动、培养适应行业和公共事业需求的劳动力、消除社会不稳定的障碍、提升环境质量、基础设施质量和公共服务质量。

RE：START 战略的支持政策主要包括促进商业和投资的经济发展政策，以及保障社会民生的就业和教育政策，详见下方专栏。不同政策相互影响，具有协同效应。例如，增加就业岗位的措施，与创业、外商投资关系密切；预防性手段就业的政策也与创业精神、社会稳定相辅相成。

RE：START 战略是捷克国家整体温室气体减排和能源系统低碳化的支撑。RE:START 战略计划到 2030 年将在三个煤炭资源型地区总共分配 15 亿欧元，其中约 20%（3.03 亿欧元）来自欧洲结构性和投资基金（European Structural and Investment Funds），5% 来自捷克私有化特别基金（National Privatisation Fund），75% 来自捷克政府。捷克当地专家认为，新冠疫情为化石能源淘汰提供了新机遇，尽管这可能导致 2.5 万个工作岗位的流失，但如果可再生能源消费量增加到 24%，可再生能源领域将创造 3.2 万个新工作岗位来弥补。

专栏：RE:START战略中有关经济转型和就业扶持的内容经济转型

(1)制造业和服务业的质量提升。由于捷克的经济很大程度上依赖出口，这几个煤炭资源型地区的企业更需要获取关于目标市场的战略信息，包括流行趋势、偏好、政策法规和文化差异；此外，企业要提升营销和对外贸易的能力，建立服务中心和分销渠道等。

(2)鼓励企业家精神、促进创业，以减少失业率。寻找潜在的创业者并建立紧密的导师机制进行创业帮扶，关注全年龄段有创业意愿的人。

(3)瞄准银发市场，提前布局服务业和休闲业。煤炭资源型地区由于人才流失导致老龄化现象比全国平均情况更严重，有证据表明未来这些地区将有比较广阔的银发市场，除了服务本地区老人，可能也会吸引邻近的德国人。

(4)吸引外商投资。通过投资鼓励政策激励高附加值、能创造高质量工作岗位的项目落地，设定研发雇员占比2%和研发设备投入10%的标准。不同规模的生产型企业根据创造就业岗位数量的不同可获得捷克政府的投资补贴。

就业扶持

(1)增加就业岗位。为在煤炭资源型地区创造就业岗位提供资金支持；通过政府补贴促进高附加值的企业投资。

(2)职业培训。提供职业指导、信息和培训；建立以企业/组织的为单位的终身学习生态系统，让劳动者的个人技能与职业发展路径更好匹配；提供英语沟通培训；对劳动者进行软技能培训并进行认证，增强再就业市场竞争力；与当地大学合作筹备煤炭工人的再就业培训。

(3)劳动力市场监测。基于已有的国民职业系统和国民技能系统，记录并更新劳动者的劳动技能，利用劳动与社会保障局的已有项目对劳动力市场的供需关系进行监测，以保证劳动力的供求平衡（在煤炭资源型地区重点推行），过程中重点关注技能与经验不匹配的劳动者。

(4)手工艺培训。每个煤炭资源型地区都建立一个手工艺合作网络,为潜在投资者提前培训技术专员,为建立工艺公司创造条件,并与国内外的客户签订合同。

(5)预防性手段。一方面指通过继续教育和职业指导等方式防止失业;另一方面针对不积极找工作的失业者(由于缺乏动机、依赖社会安全网络),通过当地劳动局的咨询顾问委员会进行干预,促使其回到劳动市场。

三、发达国家煤炭资源型地区转型政策和行动工具

1. 多边公正转型合作机制

在2021年11月的COP 26会议上,南非、法国、德国、英国和美国各国政府连同欧盟建立了具有雄心的多边能源公正转型伙伴关系(Just Energy Transition Partnership)[1],以支持南非共和国在国内气候政策背景下的脱碳努力。它的目标是支持南非打造低碳经济和气候适应型社会;加速电力系统的公正转型和脱碳,包括矿山的修复和再利用;支持新经济机会如绿氢和电动汽车的发展。在伙伴关系的作用下,南非预计在未来20年减少多达10亿~15亿吨的排放。这个伙伴关系也有潜力成为一种可在全球推广的模式,说明如何实现和资助公正转型,并成为新的包容发展的催化剂。

能源公正转型伙伴关系的关键是确保资金和实施到位,为此需要在2022年11月和COP 27会议之前制订一项全面的可操作的投资计划。这项投资计划将确定实现公正转型所需的项目和活动,并指导资金的使用。根据缔约伙伴在2022年6月开展的进展更新,自伙伴关系确认后南非实行多项政策改革。在能源方面,鼓励可再生能源发展,将新增发电装机的许可门槛从1兆瓦提高到100兆瓦。目前,南非约有450兆瓦的项目正在开发中,国内银行部门可以

[1] SPINANT D, MCPHIE T. France, Germany, UK, US and EU launch ground-breaking International Just Energy Transition Partnership with South Africa[EB/OL]//European Commission. (2021-02-11)[2022-07-04]. https://ec.europa.eu/commission/presscorner/detail/en/ip_21_5768.

为此划拨大量资金。南非正在制订一项可再生能源总体计划，描述其可再生能源和供应链扩张的路线图。绿氢的发展也取得了积极进展，包括制定了由科学与创新部领导的氢经济路线图，并在北开普开展工作，计划开发一个港口，这对开发绿色氢出口市场至关重要。在经济发展层面，南非于2022年4月推出了绿色金融目录，概述了符合国际最佳实践和国家优先事项的“绿色”资产、项目和行业。绿色金融目录作为自愿的市场工具，在2022年后期和2023年陆续制定监管工具。南非财政部还将先慢后快地逐年提高碳税税率，到2026年达到每吨二氧化碳当量20美元，2030年至少达到30美元，到2050年达到120美元。矿产资源和能源部正在努力敲定一项关闭煤矿的国家战略，为关闭煤矿提供明确的政策和业务指导。此外，在就业和民生保障方面社会组织也进行了关于公正转型的重要工作。南非工会代表大会提出公正转型蓝图，劳工积极参与，为受影响的工人制定政策响应。

专栏：南非能源公正转型伙伴关系的主要优先事项

（1）加快南非电力部门的去碳化进程，包括扩大可再生能源发电量和加强传输网络，以适应可再生能源的新投资。

（2）保护受摆脱化石燃料影响的弱势工人和社区。

（3）支持正在进行的改革和未来的改革，这对加强公正转型的有利环境至关重要。

（4）解决转型过程中的环境问题，包括矿山恢复。

（5）支持矿区的重新利用（如用于可再生能源和农业）。

（6）支持技术创新及投资推动创造绿色和高质量的就业机会，如在绿色氢气和电动汽车部门。

（7）确保该方案适当考虑到南非的财政挑战。

这个多边伙伴关系通过赠款、优惠贷款和投资等各种融资机制及风险分担机制（如动员私营部门），在未来3~5年内筹集85亿美元。由于南非的燃煤电厂计划在未来15年内退役，这笔资金将用于确保与煤炭和煤电厂转型息息相关的工人和社区实现公正转型，资金将通过掌管燃煤电厂的南非国家电力公司Eskom流通。[1]

2. 体制机制：加拿大转型委员会

2016年，加拿大政府在立法层面上做出加速退煤的承诺，宣布到2030年将在全国逐渐淘汰燃煤电厂。这将对境内4个省、50个社区及接近4000名员工产生影响。鉴于退煤政策对工人和社区的影响，加拿大环境与气候变化部长于2018年4月任命并启动了加拿大煤电工人和社区公正转型工作组（Task Force on Just Transition for Canadian Coal Power Workers and Communities），负责向环境和气候变化部长提供知识、政策选择和建议，以便为受影响的工人和社区实现公正转型。

专栏：加拿大转型中心

利用转型中心向受劳动力市场迅速变化影响的工人提供积极支持和帮助，在北美地区较为常见。这些中心旨在为因失业或流离失所而承受压力的个人，提供个性化的、一对一的、面对面的帮助，否则这方面的政府项目和服务流程可能是复杂而冗长的。转型中心的特点包括以下几方面内容：

a）位于受影响的社区内或工作地点；

b）工作人员最好由受影响社区或行业的相关人员组成；

c）是一个包容性、综合性机构，在一个场地中提供所有相关帮助项目和支持服务；

d）最好在转型开始之前就已到位，至少在转型开始的同时就位；

e）在转型的负面影响结束后3~5年仍维持运营。

[1] A Just Transition energy partnership for South Africa［EB/OL］.（2022-03-18）［2023-05-24］. https://www.ituc-csi.org/a-Just-Transition-energy-partnership-for-South-Africa.

虽然设置目的是转型，但转型中心能够成为人们社区生活的枢纽，人们可以在此获得人生规划的支持，并培养社区意识和归属感。

公正转型工作组在2018年得到3500万加元的拨款，用于支持其未来五年的主要活动。根据公正转型工作组在各地的专家走访和实地调研，款项将主要用于：①推动受影响社区的经济发展和多样化；并支持那些带来新的就业机会的项目；②投资于扩大受影响工人、家庭和社区获得政府服务和项目的途径，如转型中心。[1]

除了国家层面的转型委员会，加拿大各依赖煤电的省份也有针对煤炭公正转型的地方性机构和转型措施，以帮助社会发展、劳工关系、社区和政府间关系不同的各省实施公正转型策略。2017年，名为"煤炭社区咨询小组"（Advisory Panel on Coal Communities）的省级小组研究了退煤对工人和社区的影响，并向省政府提出建议。为了响应煤炭社区咨询小组，阿尔伯塔省政府宣布了两项资助计划：向市政当局提供500万加元的煤炭社区转型基金，用于经济多样化计划和可行性研究；帮助下岗工人的煤炭劳动力转型基金。

专栏：加拿大阿尔伯塔省煤矿工人转产实践

2017年11月，阿尔伯塔省政府宣布了一项4000万美元的项目，为失业的燃煤电厂和煤矿工人提供收入支持和再培训援助。这些项目包括：

a）失业保险升级，失业工人最多能够收到失业前75%的薪酬，最多持续45周；

b）为即将退休的工人增加收入，失业工人最多能够收到失业前75%的薪酬，直到他们能够获取企业退休金（最多持续72周）；

---

[1] CANADA ENVIRONMENT AND CLIMATE CHANGE. Task Force: Just Transition for Canadian Coal Power Workers and Communities [EB/OL]. (2018-02-16) [2023-05-24]. https://www.canada.ca/en/environment-climate-change/services/climate-change/task-force-just-transition.html.

c)为迁移至少40公里以实现再就业的工人提供至多5000加元的补贴；

d)为在失业5年内寻求职业再培训和中学以上教育的工人提供最多1.2万加元的学费减免。

除了针对个体的资金帮助，阿尔伯塔省还在受影响地区提供职业咨询和求职技巧相关的培训，提供个性化职业规划、现有技能评估并为工人匹配短期技能提升项目。在机制层面，阿尔伯塔省协助建立劳动力调整委员会，能够安排培训或将技能与职位空缺相匹配；为原住民社区开展伙伴关系和劳动力培训。

四、公正转型资金需求

1. 财政支持：欧盟公正转型机制(Just Transition Mechanism)

根据欧盟委员会数据，为实现《欧洲绿色新政》目标，也需要大量投资，意味着年均额外新增投资规模在2600亿~2900亿欧元，约占2018年欧盟GDP的1.5%。[1]仅通过欧盟及成员国财政资金无法满足如此巨大的投资需求，需要引导大量社会资本的投入来弥补投资缺口。

专栏：欧洲可持续投资计划

为支持《欧洲绿色新政》，欧盟制定《欧洲绿色新政投资计划》，支持2050年碳中和目标的实现。欧盟委员会估计未来10年，该计划至少可以撬动1万亿欧元资金投入环境和气候领域。这些资金来源包括：

(1)欧盟财政预算的5030亿欧元；

(2)成员国配套财政预算支出的1140亿欧元；

[1] LOONELA V, RIETDORE L, CRESPO PARRONDO A. The European Green Deal sets out how to make Europe the first climate-neutral continent by 2050, boosting the economy, improving people's health and quality of life, caring for nature, and leaving no one behind[EB/OL].(2019-12-11)[2023-05-24]. https://ec.europa.eu/commission/presscorner/detail/en/ip_19_6691

(3)财政预算通过投资欧洲项目(InvestEU)以欧盟财政预算作为底层资金撬动私人和公共资本约2790亿欧元;

(4)碳排放交易体系设立的创新基金和现代化基金的250亿欧元融资;

(5)公正转型机制下的1430亿欧元。

《欧洲绿色新政投资计划》的实施主要依托于欧盟2021—2027年多年财政预算框架(MFF)(简称2021—2027MFF)。2020年12月欧洲议会批准了2021—2027年MFF及新冠疫情后经济复苏基金计划约1.8万亿欧元,包括10 743亿欧元长期欧盟预算(2018年价格)和7500亿欧元的复苏基金。

公正转型机制是欧盟绿色新政投资计划(European Green Deal Investment Plan)重要组成部分,用于支持欧盟2050年碳中和背景下高碳地区和行业的低碳转型。公正转型机制由“三大融资支柱”构成,分别是公正转型基金(JTF)、投资欧洲项目(Invest EU)下的专门公正转型计划和欧洲投资银行(EIB)的公共部门贷款机制,如图4-1所示。

公正转型基金的资金分配方式尽可能考虑不同区域的经济社会状况和温室气体排放水平。2021—2027年公平转型基金的总预算为175亿欧元,包括多年预算框架下的75亿欧元和“下一代欧盟”下的100亿欧元。资金分配面向欧盟所有成员国。分配首先按照特定经济社会标准(表4-1)进行分配,其中,经济标准(重点区域工业排放、泥炭和油页岩生产)和社会标准(重点区域工业就业、采矿业就业),每类权重分别占50%。未来考虑不同国家的社会经济发展条件,在初次分配基础上,基于人均国民收入水平进行调节,确保资金资源更多流向欠发达地区。此外,每个国家最高额度上限不超过20亿欧元,最低援助强度设定为每位居民不低于6欧元。

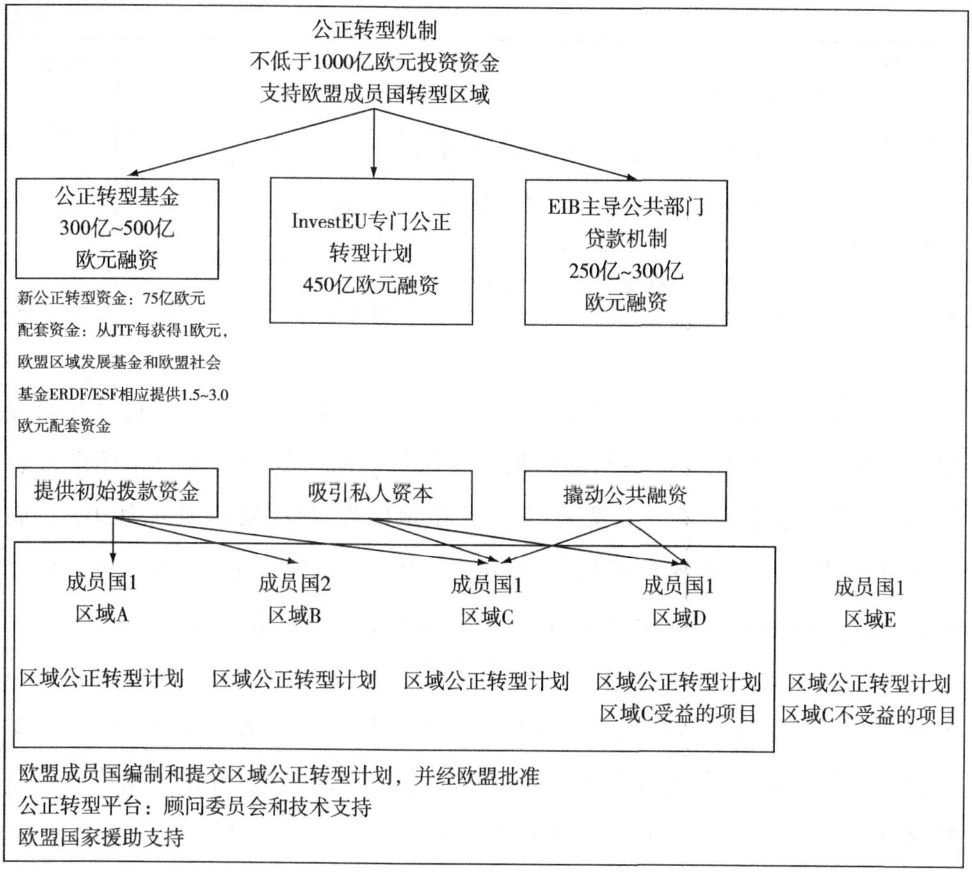

图 4-1　欧盟公正转型融资机制[❶]

表 4-1　公平转型基金的各国分配影响因素及权重[❷]

因素	指标	权重
经济标准	碳排放强度超过EU平均水平的区域的工业温室气体排放总量	50%
	泥炭产量	
	页岩油产量	

❶ OTILIA P. MANTA. Measures and possible support solutions of the sustainable European economy in the context of actual crises [EB/OL]. (2020-07-27) [2022-11-01]. https://www. researchgate. net/figure/Just-Transition-Mechanism-over-the-period-2021-2027-1-EU-budget-totaling-EUR-503_fig2_343236627.

❷ EUROPEAN COMMISSION. Allocation method for the Just Transition Fund [Z/OL]. (2020-01-15). https://ec.europa.eu/commission/presscorner/api/files/document/print/en/qanda_20_66/QANDA_20_66_EN.pdf.

续表

因素	指标	权重
社会标准	煤炭开采就业水平	50%
	碳排放强度超过EU平均水平的区域的工业行业就业水平	
调节因子	各国人均国民收入与欧盟平均人均收入的差距 每个成员国上限不超过20欧元 居民最低援助强度不低于6欧元/人	

对于没有承诺2050年碳中和目标的成员国，分配资金仅是可获得计划分配额的50%。欧盟配套资金额度根据项目所处区域不同以展现公正的政策意图，对于欠发达地区，最大额度为85%，转型地区为70%，发达地区为50%。成员国可以调配欧洲区域发展基金（European Regional Development）和欧盟社会基金+（European Social Fund Plus）的资金资源补充公正转型资金。

欧盟委员会及其公正转型平台具体负责公平转型机制的运行管理。公正转型平台主要是为成员国负责制定区域公正转型计划的部门提供专门技术支持，以确保计划内容如实反映每个地区的需求。此外，欧盟可用于支持公正转型项目和计划融资渠道还包括地平线欧洲（Horizon Europe）框架、气候行动融资预算（Funding for Climate Action）、LIFE项目[1]、创新基金（Innovation Fund）、现代化基金（Modernisation Fund）、连接欧洲机制（Connecting Europe Facility）等。

2. 金融保障：加强监管与投资引导

金融支持公正转型的作用主要有两个目标，一是要努力扩大金融支持有利于公正转型的经济活动，二是要避免金融支持带来的“不公正”后果。

针对第一个目标，主要来自两个方面的推力：一个是已经出台的《可持续金融分类目录》（以下简称《分类目录》），另一个是联合国环境署主导的零碳银行联盟（Net-zero Banking Alliance）的承诺。[2]《分类目录》给出了金融机构投资

[1] 用于支持欧盟和成员国完善环境立法和政策的融资工具。

[2] Net-Zero Banking Alliance - United Nations Environment - Finance Initiative[EB/OL].[2023-05-24]. https://www.unepfi.org/net-zero-banking/.

的方向，零碳承诺则要求银行实现其投资组合的零碳转型，也因此促使银行为低碳化项目提供更多支持，包括煤炭资源地区的新经济项目。

针对第二个目标，同样有两个主要因素发挥影响，一个是金融机构本身对自身ESG（Environmental，Social and Governance）表现的重视，另一个则是欧盟正在酝酿的《企业人权尽责调查指令》。❶2022年2月23日，欧盟公布提案中要求“在欧盟营运的大型企业必须确保供应商没有对人权构成的风险，如使用强制劳工、童工，工作场所没有卫生或安全保障，也没有温室气体排放、污染、降低生物多样性或减损生态系统等问题”。

欧洲复兴开发银行提出了公正转型计划（Just Transition Initiative），在过去支持经济转型经验和教训的基础上，支持绿色经济发展和包容性增长。许多金融机构也开发了针对公正转型的产品，如西班牙外换银行。作为其对应对气候变化的鉴定承诺的标志，西班牙外换银行于2018年批准了其“2025年承诺”❷，通过该承诺，西班牙外换银行将从现在起至2025年筹集1000亿欧元用于绿色融资、可持续基础设施、社会创业及金融包容性。

欧洲复兴开发银行（European Bank for Reconstruction and Development，EBRD）将积极确定能够加速公正转型的投资和政策活动，重点关注三个优先主题。

（1）绿色经济转型。欧洲复兴开发银行将与拥有高碳资产的客户合作，向低碳经济过渡。这包括高碳资产的再转化，土地的补救和恢复，以及其他一系列创造当地就业机会的绿色投资。

（2）支持工人。欧洲复兴开发银行将在解决不平等的基本驱动因素背景下，通过再培训和增强创业精神，促进那些生计受到转型进程影响的人获得替代生计。

---

❶ EUROPEAN COMMISSION. Corporate sustainability due diligence［EB/OL］.（2022-02-23）［2023-04-24］. https://ec.europa.eu/commission/presscorner/detail/en/ip_22_1145.

❷ BBVA. Infographics：Pledge 2025［EB/OL］.（2018-02-28）［2023-05-24］. https://www.bbva.com/en/infographics-pledge-2025/. BBVA. BBVA doubles its target of channeling sustainable financing to €200 billion［EB/OL］.（2021-07-08）［2023-05-24］.；https://www.bbva.com/en/sustainability/bbva-doubles-its-target-of-channeling-sustainable-financing-to-e200-billion/.

(3)区域经济发展。强调提供优质就业机会的活动,包括为有竞争力的中小企业和大型企业提供有针对性的支持,以及为可持续基础设施项目提供资金。

西班牙外换银行协调“西班牙伊维尔德罗拉(Iberdrola)”的首个符合公正转型原则的总额15亿欧元的可持续信贷工具(2019.3.29)

在西班牙外换银行作为牵头安排人和可持续代理的情况下,伊维尔德罗拉与其成功签署了一项新的15亿欧元的与可持续性标准相关的银团信贷工具。这是首个符合《巴黎协定》引入的“公正转型”概念的交易。

信贷工具的条件与两个可持续性指标挂钩,并需要遵守独立公司维格伊利斯(Vigeo Eiris)的验证。

一个指标是社会层面的,与可持续发展目标(SDG)7.1相关,旨在确保可负担的、可靠的、普遍可得的现代能源服务。今天宣布的贷款成为该公司第一个与促进能源普遍可得性的标准相关的贷款。

第二个指标是自然环境层面的,与新的可再生资产的开发、发展有关,符合联合国2030年可持续发展目标“SDG议程”第7.2条:大幅增加可再生能源在全球能源结构中的份额。

通过考虑这两个指标,这项交易成为第一个符合《巴黎协定》中引入的“公正转型”概念的信贷安排。同样,由格兰瑟姆(Grantham)气候变化研究所、伦敦经济学院(LSE)及哈佛肯尼迪学院的责任投资组织领导的“公正转型中的投资”倡议也推动了这项方法。格兰瑟姆气候变化研究所教授尼克表示:“这个首创的可持续信贷工具展示了当下公正转型如何融入金融实践,为将能源转型的环境和社会两个维度联系起来提供了一种强有力的方法。”

伊维尔德罗拉再一次借助西班牙外换银行的可持续发展能力。此前，两家公司合作安排了世界上第一笔由电力公司提供的可持续贷款，增加了迄今为止同类贷款中最大的两笔可持续贷款，拉丁美洲第一笔绿色企业贷款[2]；或与伊维尔德罗拉的美国子公司"阿万格里德"(Avangrid)的可持续银团信贷额度。

西班牙外换银行担任着法国巴黎银行(BNP Paribas)的唯一全球协调人、账簿管理人和可持续代理的角色。该交易得到了总共21家金融机构的支持。

第五章　公正转型实践总结与决策启示

第三章与第四章分别对国内和国外公正转型实践案例进行了分析。在此基础上，本章进一步对国内外转型实践经验进行总结。总体而言，公正转型的实践和探索需要因地制宜，国内和国外的实践既有共性也存在互补。国内注重在发展中解决问题，政策工具需重视长效机制；国外实践强调机制创新，全社会参与，重视程序公正。

一、国内外公正转型实践经验总结

本书附录一、附录二分别对中国资源型地区公正转型、应对气候变化背景下国际公正转型案例及其政策目标与政策举措作了进一步梳理与总结。从国内外公正转型实践案例中可以看出，公正转型政策主要包括以下几个方面。

1. 转型方案设计

转型是一项复杂的系统性工程，为保证转型公正平稳推进，国内外实践案例均重视转型方案设计。通过转型方案，可明确转型战略与目标，建立系统的政策框架体系，制订转型时间表，确立转型评估和监测机制，加强各部门的组织协调，也可为市场和利益相关者提供明确的政策信号。气候和环境危机压力下，欧盟国家通过制定战略文件《欧盟绿色新政》，明确提出到2050年实现温室气体净零排放、经济增长与资源消耗脱钩、个体和区域的包容性发展三大目标。围绕这三大目标，建立一整套行动模块，而每一行动模块又对应一系列的行动举措。以《欧洲绿色新政》之下的金融和区域发展行动模块为例，其下共有六项行动举措，包括下一代欧盟、恢复和弹性基金、公正转型机制、下一代欧盟绿色债券、可持续金融和绿色转型改革支持。中国在推动煤炭资源型地区转型时，同样重视转型方案设计。此外，还要注重根据不同时期发展特点和中国的特殊国情，不断调整转型目标和具体的行动举措。具体而言，中国煤炭资源型城市转型政策设计经历了三个阶段,即转型初期、可持续发展阶段和高质量发展阶段。转型初期公正转型侧重修复过去分配不公正问题及资源过度开发问题,可持续发展阶段强调协调有序、公平公正和结构优化,而新时期高质量发展阶段则更加强调公共服务的均等化和高质量发展成果的共享。

2. 产业转型升级和多元化发展路径

产业转型升级是实现公正转型的重要驱动力。产业转型升级可为经济发展注入活力、增加财政、促进就业、完善社会保障、改善生态环境,使区域发展进入良性循环。而面临资源枯竭现实,未来"去煤"大势,产业转型升级意味着摆脱已有高碳产业模式,多元化产业转型出路,实现经济增长与碳排放的脱钩。从国内外公正转型实践的案例看,产业转型升级路径通常包括传统行业清洁化发展和培育绿色低碳产业两方向。在制定具体产业转型路径时,依托当地人才、能源资源、区位等优势,结合国内外产业发展趋势,创新和多元化产业转型升级路径,包括但不限于延长煤炭产业链;矿区智能化、绿色化、集约化、无人化、柔性化深度改造;废弃矿区开发风电、光伏发电、蓄水储能、新型储能、氢能等新能源产业;文创、休闲旅游、养老、艺术空间等服务业。

3. 就业与社会保障

就业是民生之本,关系着家庭的生存和生活质量,也关系着社会稳定和长治久安。国内外公正转型实践案例均特别关注转型对就业和社会保障产生的一系列影响,并通过财政、金融、教育和培训、研发和社会保障等诸多举措,推动就业转型和创造新的绿色就业机会。美国科罗拉多州在去煤过程中导致以煤炭开采和煤电为生计的社区失去稳定、高薪的收入来源和工作机会。为解决该问题,科罗拉多公正转型办公室从国家战略、州级项目、投资、雇主、工人、资金多方面入手促进公正的就业转型。具体措施包括鼓励联邦政府牵头制定针对受能源转型影响的工人的国家战略;准备针对失业工人技能学习、就业或创业的州级职业发展和培训项目;探索并鼓励雇主在帮助工人转型中发挥作用;赋权工人及其家庭尽早对自身未来进行规划;协调基础设施投资,招商引资等创造更多就业岗位。中国在以化解过剩产能为首要任务的供给侧结构性改革中，尤其重视就业妥善安置。为此，除国家层面颁布专门政策文件进行指引，设立专项奖补资金，发挥社会保障作用外，结合中国自身特点，发挥国企制度优越性，开展职工内部退养、职工转岗就业、企业内部分流等举措，为稳妥解决“去产能”过程中的就业问题、保证社会稳定发挥了关键性作用。

4. 公正转型资金支持

国内外公正转型实践中均重视发挥资金对公正转型支持作用，一方面通过体制机制创新多元化资金筹集渠道，另一方面重视引导资金分配、监管资金使用，提高资金利用效益，保证资金对公正转型的正向促进作用。欧盟公正转型机制重点关注向气候中性经济过渡过程中面临最大挑战的地区、行业和工人，为此建立了公正转型基金、投资欧盟计划、欧盟投资银行的公共部门贷款工具共三大支柱筹集公正转型资金，在分配和使用资金时，会对不同地区的经济和社会状况和温室气体排放水平进行统筹考虑，以达到帮助支持弱势群体、消除贫困，帮助创造可持续的、高薪就业机会的目的。另外，美国科罗拉多州煤炭和电力系统公正转型过程中，同样重视公正转型资金支持。其通过资金需求评估、增加转型资金、确保公正转型办公室能力来筹集并发挥资金支持作用。首先，通过与当地经济学家合作，评估转型成本；其次，一方面与财政专家合作确定资金来源，另一方面与发电厂和矿主直接合作，发行公司证券筹集资金；最后，通过数据和信息支持加强公正转型办公室能力建设，促进转型资金合理使用。

5. 利益相关者参与和信息公开

转型过程中，如果不考虑利益相关者的参与和信息公开，会大大降低公正转型政策措施的针对性，从而影响转型推进，甚至会产生变革的阻力和风险因素。为推动公正转型的顺利开展，实践案例在倡导利益相关者参与和信息公开方面做出诸多尝试和努力。德国鲁尔区博特罗普市在促进公正转型时，以创新城市实验的形式，采用公私合作的治理方式管理转型过程，通过公民社会、公共机构、地方和区域政府及工业伙伴等利益相关方的高度参与，交换信息、识别阻碍、制定转型发展议程。欧盟促进公正转型重要举措之一是建立公正转型平台，该平台通过技术援助和咨询支持，为利益相关方提供所需的转型信息、指引和知识，同时还为利益相关方之间的交流合作提供平台和支持。此外，有关部门可以通过平台了解有关公正转型基金的一切信息，包括可以申请的机会、相关监管措施或行业动态更新等。

二、国内外公正转型实践决策启示

根据前文对国内外公正转型实践案例的分析和总结，在碳中和与共同富裕的新时代背景下，中国公正转型决策尤其需要重视以下几个方面：明确战略目标与行动方案；因地制宜，重塑产业定位，超前投资科技创新和人力资源；借鉴国际经验需注重其政策背景；重点人群特殊支持和普惠社会保障体系同等重要；发挥政府和市场的作用。

1. 明确战略目标与行动方案

转型的长期性不可避免，战略定力是关键。已经从煤炭生产成功转型的国家早在最近十年的收缩之前就经历了长期、大量的煤炭开采工作岗位的减少和煤炭行业就业率的降低。根据2021年世界银行相关研究，英国煤炭开采行业的从业人数从20世纪80年代的17万人快速下降到20世纪90年代中叶的不到1万人。类似地，仍未完成转型的国家也已历经十数年转型时间。

波兰煤炭开采行业就业人数从20世纪90年代接近45万人到21世纪初的15万人左右，下降超过三分之二，随后缓慢而稳定地下降到2019年的9.3万人，占波兰就业总人口的0.5%。德国鲁尔区的煤炭转型从20世纪60年代开始，到2018年煤矿全部关闭退出，经历了数十年和数次转型战略的变化，才最终找到适宜当地资源禀赋和条件的经济多元化策略，经济结构实现由工业为主向服务业占主导的转变。美国的煤炭开采行业人数从1985年开始波动下降，从17万人左右降低到2000年的7万人左右，到2010年回升到9万人左右，随后下降并在近年来稳定在4万人左右。美国科罗拉多州前几年制订的公正转型计划明确指出了转型的三个阶段，提出转型过程将持续多年，预计2030年年底方可完成所有煤矿和煤电厂的关闭。

我国的煤炭开采业的就业人数在2015年供给侧结构性改革开始后迅速下降，从峰值的600余万人下降到2020年的260万人，下降超过56%。未来随着煤炭行业生产效率的提高和低碳经济的推进，历经7年转型期的煤炭行业仍将继续转型，煤炭行业从业人员也将进一步下降。历史和国际经验说明，即使提前制定了具有前瞻性的完善规划和过渡政策，一个涉及众多工人、企业和社区的行业也不可能在短期内完成系统变化或根本变革。因此，我国需要对煤炭转型的长期性做好战略、制度、资金等各方面的准备。

2. 重塑产业定位需因地制宜，超前投资科技创新和人力资源

当前形势下，我国的公正转型是一个复杂的系统工程，涉及生态环境、社会、经济等多个维度。由于各地资源禀赋、能源基础、发展条件、技术水平各有不同，地方在推进“双碳”工作的过程中，应因地制宜、因时制宜明确自身的任务目标和路径。同时，在学习借鉴国际经验时需要注重其政策背景。

依托煤炭地区的优势和资产实现经济多元化，是一个关键的挑战。煤炭转型建立在一个地区的优势和资产的基础上。例如，煤炭地区的能源基础设施及能源部门的能力、知识和机构，才更容易走向成功。

比利时的根克市从20世纪60年代开始经历煤炭转型，直到20世纪80年代煤炭开采业退出，以汽车制造业为主的工业登上舞台。然而在20世纪10年代汽车制造业陆续搬离，根克市再次面临转型。再次转型的根克市在拥抱过去的基础上展望未来，废旧矿区厂房建筑被重新打造成文创和教育中心、以绿色能源转型为主题的初创企业和科技园及城市公园。它逐渐依托当地高校及研发创新能力，建立起以科技、清洁能源和服务业为主的产业结构。

捷克政府在寻找新经济增长点时，充分考虑劳动力市场专业技能的匮乏，针对性地实行职业培训、认证和证书发放，并利用信息系统对劳动力市场的供需关系进行实时监测。在吸引外商投资时，根据研发人员和研发者的占比提供最高达投资额45%的投资补贴，促进高附加值企业和高素质人才落地捷克。

和德国众多经历转型的工业区一样，鲁尔区的经济结构也从以工业为主导转向以服务业为主导，在2014年服务业对当地经济的贡献高达72%。鲁尔区

的经济转型是在"知识地区"的政策指导下进行，从1965年第一座大学在鲁尔区建立，到2018年超过27万名学生在当地大学和研究机构学习和工作，学校的教育内容根据经济结构变化的需求迅速进行调整，加强在职培训和再培训，为鲁尔区的服务业的发展提供了稳定的人力资源。德国企业注重实用科技，在大型企业，科研经费和研发设计人员、工程师都占据相当大的比例，为经济的发展注入相当大的活力。

不难发现，每个地区都有其经济社会发展基础和特点，需要尽早据此设计有针对性的转型策略和政策，充分咨询政府、行业、社区、工人和民间团体等多方面意见。

3. 借鉴国际经验需注重其政策背景

不同地区的转型也因为社会经济背景不同而有所差异，因此借鉴转型经验不能简单照搬。评估美国阿巴拉契亚地区222个煤炭地区的转型，若将"转型成功"定义为：在过去的某个时期依赖采煤而今天不再依赖采煤，并且在1980—2018年保持高于样本平均人口增长速率的县[1]，则仅有4个县被认为是转型成功。尽管在这4个县，基础设施投资都是导向转型成功的共同主题，但它们各自的经济增长和就业则分别由大型公立大学、州立监狱、公用事业和工业园区及作为邻近的超大城市的卫星城市而驱动。因此，即使在同一个国家，吸引商业和投资、创造就业岗位的政策也不容易在各地通用，成功的经验往往难以简单复制。

在转型初期的鲁尔地区，由于决策者错误地认为煤炭行业面临的衰退是短期现象而没有及时部署长期的转型计划，加之没有对不同区域采取差别化的政策[2]，认为在整个鲁尔地区大力发展单个新行业就足以替代煤炭行业。这一决策降低了鲁尔地区以煤为主的经济结构转型的速度，也削弱了鲁尔地区经

[1] Ruppert Bulmer E, Pela K, Eberhard-Ruiz A, et al. Global perspective on coal jobs and managing labor transition out of coal[J]. 2021.

[2] Reitzenstein A, Popp R, Oei P Y, et al. Structural change in coal regions as a process of economic and social-ecological transition. Lessons learnt from structural change processes in Germany[R]. Umweltbundesamt (UBA), 2022.

济多元化的基础。这种情况20世纪80年代末发生变化，转型的重点转向更加区域化的方法。从2000年开始，部门专家主导的政策促进了"鲁尔大都会"的模式，各个地区有不同的专业领域。一些废弃矿区和建筑被改建为以科技、环保和新能源产业为主的新"工业园区"。厂房在保持原有外观的情况下改建为音乐室、健身房、企业历史展览厅、会议室和餐馆等。一些造型或意义独特的建筑被打造成煤矿博物馆或展览馆，促进旅游和会展业务的发展。鲁尔地区的转型经验再次验证将一个地区的政策简单照搬到另一个地区是行不通的。

每个地区有其特殊性，需要有针对性的转型政策。历史和其他地区的经验对学习和政策制定至关重要。然而，一个地区的成就并不容易转移到其他情境中。例如，城市、人口密集的鲁尔地区相比同一个国度的农村地区，可能与波兰的工业区有更多共同点。因此，即使在一个国家内，转型政策也可能无法轻易直接应用到其他地区。在制定煤炭地区转型政策时，对地区的背景条件的详细分析对于制定转型战略至关重要。

4. 重点人群特殊支持和普惠社会保障体系同等重要

美国的《创新和就业法案》对全国成年人和失业者提供必要的职业服务和培训，包括但不限于提供可用的培训服务的信息、初步技能评估、求职和安置协助及职业辅导、提供当地或区域劳动力市场就业统计信息（如职位空缺、必要技能、岗位需求等）及相应培训项目的费用信息。与此同时，《联邦基础设施投资和就业法案》设置了针对煤矿和煤电厂关闭地区的优惠政策，优先拨款支持转型地区清洁能源示范项目、重大基础设施建设和废旧矿区复垦项目，以促进投资和就业，以及发展农业和旅游业。

类似地，西班牙也有针对全社会人群的失业救助和培训项目，以及包括在国家公正转型战略中致力于培训和安置失业矿工的计划和方案。普遍性的失业救助根据失业时间长短，符合相关申领条件的失业工人每月可获得相当于失业前6个月平均工资50%到70%不等的补贴。除了工作年限的硬性规定，申请人需要向西班牙劳动和社会保障部门定期提供其在失业期间积极寻找就业机会的证据方可申领。西班牙的青年劳动者因为掌握的专业技能有限，面临比其他群体更高的失业率和更低的薪酬。为了强调这一问题，劳动和社会保障部门制订了包含50个措施的行动计划，预算为20亿欧元，用于给青年劳动者提供职业培训、就业机会、平等的就业环境，培养企业家精神和完善制度框架。面对受煤炭公正转型影响严重的地区，针对每个职业要求制订个性化的途径和适当的培训，可以帮助工人适应劳动力市场，促进就业安置。培训和就业安置计划的目标群体包括申请关闭企业的员工和附属企业的员工，目标是80%的安置率。

我国煤炭资源型地区的转型也有类似经验。东北振兴的实践初期，税收政策一定程度上减轻了地方和企业的负担，缓解了就业和民生问题。后期新企业所得税法实施，而振兴东北老工业基地的企业所得税优惠政策没有更新或补充，整体效能下降。自2015年实施供给侧结构性改革以来，中央进一步加大减税力度，除了资源税分配向资源产地基层政府倾斜，没有明确的税收优惠政策[1]，对东北地区的特殊支持相比振兴初期有所减弱。

总的来说，覆盖全社会的保障体系和社会安全网对受结构性影响的工人起到兜底作用，但考虑其在煤炭行业所掌握的工作技能、行业上下游关系等，仍需要具有针对性的社会保障项目对受转型影响严重的群体提供特殊支持，如制定不同于一般的培训项目、通过财税政策为转型地区提供特殊支持等。

5. *发挥政府和市场的作用*

政府是转型的主导者，市场机制是转型的重要力量。公正转型的本质决定了政府将在其中起到引导作用。各国的公正转型都是由国家层面的战略或机构引导，再由政府和市场多种力量支持。作为可持续发展政策框架的组成部分，公正转型对受转型冲击的社区和工人起到保护作用的同时，也要确保绿色低碳化的经济和能源系统是包容和平等的。涉及经济发展、民生就业、能源供应等方面的公正转型，同样需要政府和民间强大而稳定的资金支持。

德国鲁尔区的早期转型经验说明政府投资与私人投资相辅相成。在转型初期，政府以设立“地产基金”的方式买下废弃的煤矿和厂房，经过翻新改造后

---

[1] 刘明慧．东北全面振兴的环境应对与减税政策走向[J]．地方财政研究，2019(1)：10-16.

出售或出租给公司发展第三产业或建立科研中心。租售收益将投入新的翻新复垦项目中形成正向循环。德国近期的转型过程中，2018年设立了由政府官员、煤炭行业雇主、工会、非政府组织和研究人员等利益相关者组建的“增长、结构变革和就业委员会”，为德国实现与气候目标相协调的褐煤退出和火电厂退役政策提供建议和时间表。在当地，各区工商业商会、贸易组织和高校等建立合作关系，支持煤炭转型地区的经济发展和人才建设。

从2015年开始，捷克政府开始实施支持煤炭依赖型地区公正转型的RE:START战略，由国家部门和地方发展部门、地方政府通力合作，并广泛咨询相关方。在支持就业和创造新经济增长点方面，除了政府职业培训和吸引外商投资发放的补贴，企业也在寻找新的机会。一些传统能源企业开始在新能源领域寻找新的商业机会，以及利用原有的基础设施开展工程和运输业务。美国阿巴拉契亚的煤炭地区的转型依托政府财政和民间资本建造的两条跨州高速公路、机场、水电大坝等基础设施，联通了北部的制造业中心，从而建立了更多的工业园区。

在西班牙和美国，转型方面的就业政策都涉及教育系统的变革，即将学校课程和经济转型衔接，包括提供有证书的培训项目，同时社会鼓励企业家精神和创业。在转型过程中，除了要发挥政府的引导性作用，还应充分挖掘民间资本、社会企业等市场的力量。

下篇

公正转型政策建议

本篇提出碳中和与共同富裕背景下我国的公正转型政策框架和指标体系，即从促进经济高质量发展、保障社会民生、加强能源安全与清洁化、建设生态文明四个维度综合施策。结合过去中国公正转型实践经验，当前经济社会发展阶段，未来发展愿景与目标，本篇从顶层设计、区域发展政策、产业政策、就业与社会保障政策、财政与金融政策及信息公开与公众参与方面，对促进我国煤炭资源型地区公正转型提出了建议。

第六章　碳中和与共同富裕背景下公正转型指标体系

本章通过梳理中国已有公正转型政策脉络，结合煤炭资源区自身特点及其在国家发展战略中的定位，提出应从经济高质量发展、社会民生改善、能源清洁安全、生态文明建设四个维度建立中国煤炭资源型地区公正转型指标体系。

一、中国公正转型相关政策梳理

中国煤炭资源型地区公正转型相关的政策实践主要经历了三个重要的阶段，即资源枯竭型地区转型初探、资源型城市可持续发展政策体系的建立、供给侧结构性改革背景下的就业转型政策实践。

1. 资源枯竭型地区转型初探

在改革开放初期，中国的东北老工业基地最早出现了资源枯竭现象，虽然保护环境、提高资源利用效率、避免东北地区陷入衰退等已在各类政策文件中出现，但由于地方缺少应对因资源枯竭而造成的产业衰退的有效经验，加之对经济增速的过度追求，东北地区错失了最早的转型机会，并进入了被动转型的阶段。考虑东北在维护国家国防安全、粮食安全、生态安全、能源安全、产业安全等方面所具有的不可替代的战略地位，2003年10月，中共中央、国务院出台了《关于实施东北地区等老工业基地振兴战略的若干意见》，东北成了资源枯竭型地区转型政策最早的试验田，并探索以公正的基础性作为其转型发展的内在逻辑。例如，为提高东北的经济发展增速，国家加大了对东北老工业基地改造的投资，并在东北率先出台了增值税转型等政策；为解决大量职工下岗等问题，国家率先在东北着手建立并完善社保体系试点。

2. 资源型城市可持续发展政策体系的建立

在东北政策实践的基础上，中国逐步建立并形成了资源型城市可持续发展的政策体系，政策着眼点由资源枯竭期的被动调整转向可持续发展。2007年12月18日，国务院发布《关于促进资源型城市可持续发展的若干意见》，提出了加大对资源型城市尤其是资源枯竭城市可持续发展的支持力度，尽快建立有利于资源型城市可持续发展的体制机制。国家发展和改革委员会先后在2008年、2009年、2011年，分三批确定了69个资源枯竭型城市（县、区），中央财政对这69座城市提供财力性转移支付。2013年，《全国资源型城市可持续发展规划（2013—2020）》发布，将资源型城市分为成长型、成熟型、衰退型和再生型四类，明确各类资源型城市的发展方向。至此，我国初步形成了通过财政转移支付、银行专项贷款和中央项目倾斜来促进资源型城市产业转型的基本思路，同时强调加强对资源型城市转型工作的分类指导，并提高财力性转移支付使用效益，从外部输血和内部造血两方面推动资源型地区以公正的方式实现转型发展。

3. 供给侧结构性改革背景下的就业转型政策实践

2016年以来的供给侧结构性改革推动产能过剩行业加快出清，淘汰关停环保、能耗、安全、质量等方面不达标的企业，减少无效和低端供给，为新兴产业、绿色产业发展腾出空间。在此期间，煤炭和钢铁行业成为"去产能"任务的重点行业。国务院先后印发的《关于煤炭行业化解过剩产能实现脱困发展的意见》和《关于钢铁行业化解过剩产能实现脱困发展的意见》明确要求，自2016年起用3到5年时间退出产能5亿吨，减量重组5亿吨，较大幅度压缩煤炭产能；用5年时间压减粗钢产能1亿~1.5亿吨。在此期间，仅煤炭行业就有约190万人面临转岗。为此，财政部专门设立了1000亿元的专项资金，专门用于钢铁和煤炭行业的分流安置工作。其中，80%是基础性奖补，20%是阶梯性的奖补。在中央财政奖补资金和行业税收优惠政策支持下，煤炭资源型地区提出了援企稳岗、失业保险支持、长期培训计划、创业扶持、公益性岗位兜底等多种政策措施。

在过去公正转型相关的政策实践中，我们深刻认识到煤炭资源型地区公正转型的长期性、艰巨性和复杂性，涉及生态、产业、经济、社会等多个维度，以及产业、财税、金融、民生保障、环境保护等多领域协同的政策体系。当前，我们正面临以碳达峰和碳中和目标为引领的深刻的能源、社会、经济变革，人类社会形态正从工业文明向生态文明过渡，我国已然开启了第二个百年奋斗目标的奋斗征程。党的十九大对第二个百年奋斗目标作出的部署，一是在对2035年基本实现社会主义现代化战略目标的阐释中，明确提出达到"全体人民共同富裕迈出坚实步伐"的要求；二是在对2035年到21世纪中叶建成富强民主、文明和谐、美丽的社会主义现代化强国的战略目标中，明确提出达到"全体人民共同富裕基本实现"的要求。共同富裕一般具有发展型、共享性和可持续性三大特征。在此背景下的公正转型，既要通过调节资源分配和收入分配格局等手段实现区域之间的代内公平，也要通过节能减排实现当代人与未来人之间的代际公平，既要实现当代代内的共同富裕，也要为子孙后代实现共同富裕创造必要条件。因此，公正的制度原则需要充分体现在转型的决策、执行和成果分享的全过程中。

在碳中和引领的公正转型道路中，煤炭资源型地区仍是公正转型的重难点，一方面要保障国家资源能源安全，实现资源能源供应体系与国内需求的适配性；另一方面要致力于公平、正义的产业、经济、社会转型。2021年，国家发展和改革委员会等三部门联合发布《推进资源型地区高质量发展"十四五"实施方案》明确提出，到2025年，资源型地区资源能源安全保障能力大幅提升，经济发展潜力充分发挥，创新引领、加快转型、多元支撑的现代产业体系基本建立，公共服务体系普遍覆盖，绿色宜居环境初步形成，民生福祉不断增进。展望到2035年，资源保障有力、经济充满活力、生态环境优美、人民安康幸福的资源型地区高质量发展目标基本实现，与全国同步基本实现社会主义现代化。

煤炭资源型地区在有力保障国家能源、生态等安全的基础上，公正转型的目标应重点考虑以下两个方面：一是实现人口分布、经济布局、生态环境之间相互协调。按照各地区功能定位，人口分布和流动与经济、产业相协调，使人口、经济与资源和环境承载能力相适应。二是实现基本公共服务和区域生活条件与东部地区接近，为共同富裕的实现奠定基础。基本公共服务均等化、公共设施基本完备，即教育、医疗、社保和住房等民生状况与东部地区大体相当。公正转型的政策体系应包含国家能源安全保障、经济高质量发展、社会福利保障和生态文明建设等方面的协同支撑。

二、公正转型指标体系

根据前文对碳中和与共同富裕背景下中国公正转型概念和公正转型施政要点的阐述、国内外公正转型政策实践总结、中国已有公正转型相关政策梳理，结合煤炭资源区自身特点及其在国家发展战略中的定位，本书认为煤炭资源型地区公正转型应从经济高质量发展、社会民生改善、能源清洁安全、生态文明建设四个维度展开，建立一套综合的公正转型施政体系。

1. 经济高质量发展指标

在碳中和与共同富裕的要求下，衡量煤炭资源型地区经济转型的公正性，地区GDP增长不应是唯一指标，更不能一味追求地区GDP绝对数字的增加而不顾及经济发展的质量。只有经济高质量发展才能更好地体现“以人为本”，才能更好地不断满足人民日益增长的对美好生活的需要，同时也有助于发展成果更多、更公平地惠及全体人民。

如表6-1所示，经济高质量发展指标指除经济发展总量外，还包括经济发展水平、结构调整和创新投入三个方面。经济发展方面，除传统的地区GDP增长外，还需要重视人均GDP、人均可支配收入、劳均GDP、失业率的考量。结构调整方面，应从高新技术产业增加值比重、采矿业占地区生产总值比重、单位GDP能耗/碳强度、服务业增加值比重、城镇化率等指标全面体现发展结构的优化升级。创新投入也应是经济高质量发展的重要评价方面，具体应包括但不限于研发经费投入强度、每万人发明专利拥有量。

表6-1　经济高质量发展指标

<table>
<tr><td rowspan="5">经济发展</td><td colspan="2">地区GDP增长/%</td></tr>
<tr><td colspan="2">人均GDP/元</td></tr>
<tr><td colspan="2">人均可支配收入/元</td></tr>
<tr><td colspan="2">劳均GDP/(万元/人)</td></tr>
<tr><td colspan="2">失业率/%</td></tr>
<tr><td rowspan="6">结构调整</td><td colspan="2">高新技术产业增加值比重/%</td></tr>
<tr><td colspan="2">采矿业占地区生产总值比重/%</td></tr>
<tr><td colspan="2">单位GDP能耗/碳强度</td></tr>
<tr><td colspan="2">服务业增加值比重/%</td></tr>
<tr><td rowspan="2">城镇化率/%</td><td>常住人口城镇化率</td></tr>
<tr><td>户籍人口城镇化率</td></tr>
<tr><td rowspan="2">创新投入</td><td colspan="2">研发经费投入强度/%</td></tr>
<tr><td colspan="2">每万人发明专利拥有量</td></tr>
</table>

2. 社会福利保障指标

社会保障是保障和改善民生、维护社会公平、增进人民福祉的基本制度保障，是促进经济社会发展、实现广大人民群众共享改革发展成果的重要制度安排，是治国安邦的大问题。实现碳中和目标，要求煤炭及其上下游产业加快转型退出，对煤炭资源型地区而言，这一过程中将面临经济、社会等多方面的挑战。在转型过程中保障和改善民生福祉，保证转型平稳有序推进，尤其需要发挥社会保障体系的重要作用。《中华人民共和国国民经济和社会发展第十四个五年规划和2035年远景目标纲要》中也强调要加快健全覆盖全民、统筹城乡、公平统一、可持续的多层次社会保障体系。

我国已建成世界上规模最大的社会保障体系，在此基础上，结合煤炭资源型地区的特点、碳中和转型过程中面临的问题和挑战，本书认为社会保障方面的指标体系应该在考虑社会保障支出规模、覆盖面和群体差别的基础上，从基本保障、公共服务、医疗卫生、教育、清洁供暖保障、就业、基础设施等方面着力改善民生福利，保障居民共享碳中和与共同富裕成果，具体指标见表6-2。

表6-2 社会福利保障指标

民生改善	基本保障	低保人口比重/%
		棚户区改造完成率/%
	基本服务可及	公共服务支出比重/%
	社保参保率	养老、医疗和失业参保率/%
	医疗资源覆盖	万人医疗机构床位数
		万人拥有卫生技术人员数
	教育投入	人均教育支出
		劳动年龄人口平均受教育年限
	清洁供暖保障	集中供暖率/%
		农村分散供暖清洁取暖率/%
	就业保障	单位地区生产总值生产安全事故死亡率降低/%
		城镇新增就业人数
		技能培训人次
	基础设施覆盖	公路、铁路网密度
		排水、供水管道密度
		互联网覆盖率/%

3. 国家资源能源安全保障指标

能源安全稳定供应是关系国家社会经济发展的重大战略性问题。在保障全国能源需求的前提下，谋划存量先进产能优化和减量退出是煤炭资源型地区推动公正转型的重要着力点。

对于煤炭资源禀赋好、开采条件好的地区，未来需要承接煤炭生产中心的集中，促进优质产能有序释放。持续优化煤炭开发布局同时，也要加快生产结构优化升级、清洁高效利用步伐。对于可再生能源资源条件好的煤炭地区，需要结合自身资源禀赋，探索建立煤炭与风、光、水等可再生能源协同发展、多能互补的综合能源供应体系，提高能源清洁化水平。

综上，资源能源安全保障方面，促进煤炭资源型地区公正转型，立足保障国家能源安全的同时，需要提高能源清洁化，因地制宜发展可再生能源。具体指标应包括资源能源供应体系对国内需求的适配性、新增重要矿产资源接续基地、提高资源利用水平、非化石能源消费比重、可再生能源装机与发电量等，具体见表6-3。

表6-3　国家资源能源安全保障指标

<table>
<tr><td rowspan="6">能源清洁安全</td><td>资源能源供应体系对国内需求的适配性</td><td>科学产能</td></tr>
<tr><td colspan="2">新增重要矿产资源接续基地(处)</td></tr>
<tr><td rowspan="2">提高资源利用水平</td><td>资源产出率提高</td></tr>
<tr><td>煤炭洗选率</td></tr>
<tr><td>非化石能源消费比重</td><td rowspan="2">清洁能源发展</td></tr>
<tr><td>可再生能源装机与发电量</td></tr>
</table>

4. 生态文明建设指标

生态文明是关系人民福祉、关系民族未来的长远大计。煤炭资源型地区转型过程中将生态文明建设融入经济转型、社会转型和维护国家资源能源安全保障各个方面和全过程，是实现碳中和与共同富裕背景下公正转型的重要方面。

我国高度重视生态文明建设，出台了一系列重大决策部署，颁布修订了生态文明相关建设指标。在借鉴《国家生态文明建设示范市县建设指标》《国家生态文明建设示范市县管理规程》，制定了《“绿水青山就是金山银山”实践创新基地建设管理规程(试行)》基础上，结合煤炭资源型地区公正转型的需要和要点，本书提出对于煤炭资源型地区而言，生态文明建设需要从提高能源资源利用、生态修复、环境质量改善、减少污染物与碳排放、发展森林等多个角度入手，补齐生态环境欠账，具体见表6-4。

表6-4　生态文明建设指标

资源能源利用	能源利用效率	单位GDP能耗
	能源清洁化	清洁能源占比
	水资源利用	单位GDP水耗
		人均水资源量
生态修复	历史遗留矿山地质环境恢复治理率	
环境质量改善	优良天数比例	
	重污染天数比例	
	PM2.5浓度	
	VOCs浓度	
	SO_2浓度	
	工业废水处理率	
	工业固废综合利用率	
	单位工业增加值废气排放	
污染物排放与碳减排	单位GDP二氧化碳排放	
	二氧化碳排放总量下降/%	
	化学需氧量	
	氨氮	
	二氧化硫	
	氮氧化物	
森林发展	森林覆盖率/%	
	森林蓄积量/亿立方米	

通过经济、社会、能源和生态环境四个方面的综合施政，帮助煤炭资源型地区立足保障国家资源能源安全，支持能源供应与国内需求适配性的同时，逐步推进本地区经济社会的公正转型，实现人口分布、经济布局、生态环境之间的统筹协调，实现基本公共服务和区域生活条件接近于东部地区平均水平，为共同富裕和碳中和目标的实现奠定基础。

第七章　中国煤炭资源型地区公正转型政策建议

根据我国现实情况和已有经验，本章从顶层设计、区域发展、产业低碳转型、共同富裕与就业保障、财政与金融支持、信息公开与公正参与几个方面对碳中和与共同富裕背景下加快中国煤炭资源型地区公正转型提出政策建议。

一、顶层设计

1. 建立公平转型政策体系

建议由碳达峰、碳中和工作领导小组指导和统筹公正转型工作，并将公正理念和原则纳入“1+*N*”政策体系，以各地区战略定位、社会经济发展水平、资源禀赋，以及各省温室气体排放贡献、减排潜力和能力等为依据，综合考虑行业发展需求、产业链间关系、生产力布局、产业结构特点等因素，公平、公正地统筹确定地区、行业梯次实现碳达峰与碳中和的责任分配和目标任务，迈向碳中和的转型涉及经济、社会、生态环境和能源安全等多个方面，公正转型理念也应体现在以上几个方面的就具体转型路线图的设计中。此外，应重视对转型成果公平、公正性的考察，提出专门的评价考核指标体系。

2. 加快公正转型立法规划并组建协调机制

煤炭资源型地区应启动公正转型立法研究，对转型目标、阶段和路径提供制度规范。应在本地区碳达峰、碳中和工作领导小组下设公正转型办公室，针对煤炭资源型地区的突出矛盾，提出公正性解决方案，如支持接续产业发展、就业公正、公共服务均等化、生态环境修复等关乎当地经济和社会民生的保障措施，落实国家一盘棋的战略部署并确保煤炭资源型地区的平稳、安全过渡。

二、区域发展

1. 制定主要煤炭资源型省市公正转型行动方案

煤炭资源型地区应在深刻理解国家碳达峰、碳中和战略安排的基础上，尽快拟定适用于区域、城市、行业等不同层面的中长期公正转型方案，明确转型策略、内容、重点工作和保障措施，并将公正转型方案作为申请上级政府转型政策和资金资源支持的必备条件之一。公正转型的实施方案应重点关注与国家转型进度和可再生能源发展进度适配的煤炭生产和保供方案，以及中长期煤炭退出计划；煤炭和高耗煤行业就业安置方案；新兴产业布局和发展规划；绿色投融资和转型金融的支持领域和标准规范；公正转型效果评估机制；信息公开和决策透明机制；基础公共设施建设规划等。

具体而言，煤炭依赖型地区编制公正转型行动方案应包括但不限于：明确在能源安全、应对气候变化和产业转型升级等多目标协同的转型路径，识别遭受负面影响的主要区域、行业和人群；评估碳中和转型面临的社会经济挑战，识别影响最大的经济活动和工业部门，包括衰退行业退出和新兴产业发展过程的区域经济多元化潜力，以及相关就业影响和再培训需求等；评估与国家、区域和行业层面其他相关战略、规划和实施方案的一致性；评估不同转型项目和活动的碳减排、就业、投资需求和经济增长贡献等；公正转型治理机制，包括协调组织体系、监测评估考核指标体系等。

2. 开展“公正转型”地区试点示范

建议我国选取典型的煤炭依赖型地区开展“公正转型”创新试点示范。首先，将公正和包容等理念作为清晰的价值取向融入社会经济发展规划、城乡规划、土地利用规划、环境保护等各类规划中。其次，将公正转型、包容性增长作为单独章节纳入地区社会发展规划、应对气候变化和能源发展规划体系中。对支持公正转型的目标和内容（如民生保障、生态环境、产业转型质量等）提出具体的规定性要求及相应的政策支撑。

三、产业低碳转型

1. 抓住国家高质量发展机遇，优化营商环境

促进创新，优化营商环境。创新不仅在于科研，也包括经济业态、商业模式等新业态。处理好政府和市场的关系，政府积极营造推动高碳产业低碳转型的良好政策环境。应提供技术和资金支持，支持火电、钢铁、化工等重工业的升级改造，实现绿色低碳发展。地方政府应结合国家高质量发展战略，为资源型地区寻找符合本地区区位优势的经济新业态、新定位、新名片。资源型地区因其产业定位，拥有其他地区所不具备的自然资源、交通资源或者制造业科研资源等，充分挖掘此类资源在新的经济发展趋势下的特点，而不能简单照搬其他地区的经验。

2. 制定煤炭依赖行业低碳转型项目目录

国家应制定重点行业低碳转型目录，为地区转型提供指引。同时，应提供技术和资金支持，支持钢铁等重工业的低碳化升级改造。煤炭资源地区需要立足本地区位优势，挖掘产业低碳化路径和需求，打造资源型地区转型新的竞争优势。

四、共同富裕与就业保障

1. 完善失业保险基金制度

降低失业保险基金在“去产能”职工转岗和稳岗方面的支出门槛，拓宽基金的支出范围，为煤炭企业“去产能”过程中的职工安置工作发挥更大的作用。研究制定处于衰落阶段行业企业的特殊社保政策，在费用缴纳、待遇享受，特别是缓缴、清欠等方面给予一定政策优惠，减轻企业在市场退出阶段的资金压力。

2. 创新职工就业安置途径

建议政府有关部门组建省级的煤炭行业人力资源协调机构，或者委托省级就业服务机构，统筹协调由地域交叉带来的职工异地安置问题。研究制定扶

持引导政策，鼓励企业积极开展技术提升和创新创业培训。以大数据模式对职工安置工作进行监测，建立专门的职工安置信息系统，促进省内乃至省外的就业资源和信息共享，更好地完成“去产能”及职工安置的各项工作。

五、财政与金融支持

1. 设立公正转型基金，确保扶持普惠

我国应设立煤炭地区公正转型基金。公正转型基金以政府财政引导，金融机构支持、社会资本参与。中央和地方财政单设煤炭行业转型专项资金，专款用于煤炭地区转型活动。鉴于煤炭资源型地区短期内难以根本摆脱煤炭为主导的能源结构和产业结构，应建立转型金融支持目录，深化金融体系从长期视角支持高耗能行业转型。转型支持目录需要积极争取与国家绿色发展基金和低碳转型相关基金所支持的目录对接，争取得到国家对煤炭资源型地区清洁低碳能源开发利用和化石能源企业绿色低碳转型更大的支持力度。在政府担保和贴息支持下，将金融机构中长期信贷作为转型项目资金筹集的主要来源。

2. 发展转型金融，吸引社会资金

应加强金融监管，进一步强化ESG评级中社会因子的完善及社会信息披露。通过金融工具创新，为公正转型筹集资金，支持区域间经济机会平衡、经济活动低碳化、创造低碳就业机会等。研究发行公正转型债，如乡村振兴债券和扶贫债“贴标”等。根据国家碳中和金融支持政策，针对煤炭资源型地区的短期现实需求，制定地区转型金融目录，提出其中公正转型的项目要求和具体标准，吸引社会资金。

六、信息公开与公众参与

1. 落实信息公开与公众参与

信息公开有助于提升公众满意度，促进社会资金直接参与转型活动等。建议建立服务于公正转型的“创新项目投资平台”，鼓励社会资源参与，赋予经济

活力。同时,进一步扩大信息公开范围,开展利益相关方沟通机制,强化决策透明、程序公正。在此基础上,扩大宣传并积极推动公众参与。

2. 成立煤炭公正转型咨询机制

建议成立为决策者、专家、企业、投资者、公众提供沟通渠道和机制的煤炭公正转型咨询机制。煤炭公正转型咨询机制要充分发挥为当地决策者赋能的作用,帮助决策过程中参考各界人士的意见,制定合理的、以经济发展与民生为核心的转型规划,更多利用社会和市场资源推进相关工作的开展,使政府更好地聚焦于政策的规划与推进。这样可以帮助决策者甄别转型中的要点重点,更有效地利用资源为当地创造长期的经济活力,同时有助于保障当地民主,通过当地民众对低碳转型带来的环境、经济、生活等方面诸多益处的体会,提高社会对公正低碳转型重要性的认识。

参考文献

[1]习近平.实现"双碳"目标是一场广泛而深刻的变革[EB/OL].(2022-01-24)[2022-10-25].https://www.12371.cn/2022/09/23/ARTI1663913479551101.shtml.

[2]GALE. Air Pollution: Transboundary[EB/OL]//Gale Global Issues Online Collection. [2022-06-20]. https://link.gale.com/apps/doc/CP3208520005/GIC?u=albertak12&sid=bookmark-GIC&xid=8461bf08.

[3]NATIONAL RESOURCES DEFENCE COUNCIL. Principles of Environmental Justice[EB/OL].(1996-04-06)[2022-07-09]. https://www.ejnet.org/ej/principles.html.

[4]曹明德.中国参与国际气候治理的法律立场和策略:以气候正义为视角[J/OL].中国法学,2016(1):29-48. DOI:10.14111/j.cnki.zgfx.2016.01.002.

[5]世界银行.环境和社会框架[R/OL]. Washington:国际复兴开发银行/世界银行, 2017. https://thedocs.worldbank.org/en/doc/714941526486376076-0290022018/original/EnvironmentalSocialFrameworkchinese.pdf.

[6]佟立.当代西方生态哲学思潮[M/OL].天津:天津人民出版社,2017[2022-08-10]. https://read.qidian.com/chapter/BB7tYkkuJP9di5-cWpsVtA2/ByFj5jwImVv6ItTi_ILQ7A2.

[7]联合国环境规划署,联合国教科文组织.青年交流[R/OL].(2002)[2022-06-20]. https://wedocs.unep.org/bitstream/handle/20.500.11822/7928/WEBx0095xPA-YXCguide05CN.pdf?sequence=7.

[8]联合国环境规划署.《2019年排放差距报告》——全球气候行动进展报告[EB/OL]//联合国环境规划署.(2019)[2022-08-17]. https://www.unep.org/interactive/emissions-gap-report/2019/report_zh-hans.php.

[9]王明远,孙雪妍."能源正义"及其中国化——基于电力法制的分析[J].中

州学刊，2020，277(1)：60-69.

[10]陈丽君，郁建兴，徐铱娜．共同富裕指数模型的构建[J]．治理研究，2021，37(4)：5-16.

[11]罗锦程，杨寓馨，韩帅帅，等．碳中和愿景下实现共同富裕的路径探究[J]．中华环境，2021(10)：49-51.

[12]界面新闻．去年煤炭从业人员近285万人，安置职工约100万人[EB/OL]．(2021-05-12)[2023-05-24]．https://www.jiemian.com/article/6082111.html.

[13]中国煤炭消费总量控制方案和政策研究．煤炭转型中的就业问题研究[R/OL]．(2019-05)[2020-12-14]．http://coalcap.nrdc.cn/Public/uploads/pdf/15572343901862737562.pdf.

[14]张鸿宇，黄晓丹，张达，等．加速能源转型的经济社会效益评估[J/OL]．中国科学院院刊，2021，36(9)：1039-1048. DOI:10.16418/j.issn.1000-3045.20210813003.

[15]张鸿宇，黄晓丹，张达，等．加速能源转型的经济社会效益评估[J/OL]．中国科学院院刊，2021，36(9)：1039-1048. DOI:10.16418/j.issn.1000-3045.20210813003.

[16]唐大千，刘濛洋．“碳”路者：中国煤炭开采行业—循序渐进，破旧立新[R/OL]．惠誉博华，2022. https://www.fitchbohua.cn/

[17]中国人民大学双碳研究院．中国煤电转型成本分析与风险评估[EB/OL]．(2021)．http://nads.ruc.edu.cn/yjdt/128948c923ca442f8c04d1fa0164468b.htm.

[18]清华大学气候变化与可持续发展研究院等．中国长期低碳发展战略与转型路径研究[M]．北京：中国环境出版集团，2021.

[19]中国金融学会绿色金融专业委员会．碳中和愿景下的绿色金融路线图研究[R/OL]．(2021-11-20)[2022-10-20]．http://www.greenfinance.org.cn/upfile/file/20211204222634_82821_73556.pdf.

[20]INTERNATIONAL ENERGY AGENCY (IEA). World energy outlook 2021[R/OL]. 2022：P333[2022-09-20]. www.iea.org/weo.

[21]清华大学气候变化与可持续发展研究院等. 中国长期低碳发展战略与转型路径研究[M]. 北京:中国环境出版集团,2021.

[22]何振嘉,罗林涛,杜宜春,等. 碳中和背景下矿区生态修复减排增汇实现对策[J]. 矿产综合利用,2022,79(2):9-14.

[23]程春生. 山西迈上“革命兴煤”之路[EB/OL]//科学网.(2015-03-03)[2020-12-13]. http://news.sciencenet.cn/htmlnews/2015/3/314172.shtm.

[24]卞正富,于昊辰,韩晓彤. 碳中和目标背景下矿山生态修复的路径选择[J]. 煤炭学报:1-12[2022-01-04],2022,47(1):449-459.

[25]王洪章. 东北发展面临的困难和问题[EB/OL]//东北发展面临的困难和问题.(2020-11-12)[2021-11-05]. https://finance.sina.com.cn/zl/china/2020-11-12/zl-iiznezxs1460752.shtml.

[26]刘卓,刘昌明. 东北地区水资源利用与生态和环境问题分析[J]. 自然资源学报,2006,21(5):700-708.

[27]李培林. 老工业基地的失业治理:后工业化和市场化[J]. 社会学研究,1998,4.

[28]张贤明,高光辉. 公正、共享与尊严:基本公共服务均等化的价值定位[J]. 吉林大学社会科学学报,2012,7.

[29]孙久文,苏玺鉴,闫昊生. 新时代东北振兴的产业政策研究[J/OL]. 经济纵横,2019:20-29. DOI:10.16528 /j.cnki.22-1054/f.201909019.

[30]国家发展和改革委员会政研室. 党领导东北地区振兴发展的历史经验与启示[EB/OL].(2021-07-21)[2023-05-25]. https://www.ndrc.gov.cn/fggz/fgzy/xmtjd/202107/t20210721_1291202.html.

[31]刘明慧. 东北全面振兴的环境应对与减税政策走向[J]. 地方财政研究,2019(1):10-16.

[32]刘兆征. 我国第一个资源型城市转型试点市——阜新[EB/OL].(2016-08)[2022-05-24]. http://theory. people. com. cn/n1/2016/0801/c401815-28601819. html.;阜新市发展改革委员会. 阜新市”十三五“规划[Z]. 2021.

[33]中国财政科学研究院2018年地方财政经济运行调研课题组,刘尚希,白景明,等.从转移支付透视区域分化——地方财政经济运行调研报告[J].财政科学,2019(5).

[34]阜新政务.新能源赋能新发展——阜新经济转型20年能源产业发展回眸[EB/OL].(2021-10-30)[2022-06-24].https://liaoning.news.163.com/fuxin/21/1030/19/GNJ2MS2G04229BS6.html.

[35]阜新市发展改革委员会.市人大十七届一次会议《关于海州露天矿综合治理的建议》(39号)答复[EB/OL].[2023-05-24].https://fgw.fuxin.gov.cn/content/2022/673761.html.

[36]刘云龙.习近平治国理政“100句话”之:着力加强供给侧结构性改革[EB/OL].(2016-01-14)[2023-05-25].http://news.cnr.cn/dj/20160114/t20160114_521139969.shtml.

[37]徐奇渊.“去产能”的进展、冲击与反思[R].中国社会科学院世界经济与政治研究所,2014.

[38]刘燕斌,孟续铎,黄湘闽.山西省煤炭企业“去产能”中职工安置问题研究(2013-2017)[R].2019.

[39]MINISTRY OF THE ECOLOGICAL TRANSITION, SPAIN. The Just Transition Strategy within the Strategic Energy and Climate Framework[R/OL]. 2019: 20. https://www.miteco.gob.es/en/prensa/etj-english-interactive_tcm38-505653.pdf.

[40]SPINANT D, MCPHIE T. France, Germany, UK, US and EU launch ground-breaking International Just Energy Transition Partnership with South Africa[EB/OL]//European Commission. (2021-02-11)[2022-07-04]. https://ec.europa.eu/commission/presscorner/detail/cs/ip_21_5768.

[41]A Just Transition energy partnership for South Africa[EB/OL]. (2022-03-18)[2023-05-24]. https://www.ituc-csi.org/a-Just-Transition-energy-partnership-for-South-Africa.

[42] CANADA ENVIRONMENT AND CLIMATE CHANGE. Task Force: Just Transition for Canadian Coal Power Workers and Communities [EB/OL]. (2018-02-16) [2023-05-24]. https://www.canada.ca/en/environment-climate-change/services/climate-change/task-force-just-transition.html.

[43] LOONELA V, RIETDORE L, CRESPO PARRONDO A. The European Green Deal sets out how to make Europe the first climate-neutral continent by 2050, boosting the economy, improving people's health and quality of life, caring for nature, and leaving no one behind [EB/OL]. (2019-12-11) [2023-05-24]. https://ec.europa.eu/commission/presscorner/detail/en/ip_19_6691.

[44] OTILIA P. MANTA. Measures and possible support solutions of the sustainable European economy in the context of actual crises [EB/OL]. (2020-07-27) [2022-11-01]. https://www.researchgate.net/figure/Just-Transition-Mechanism-over-the-period-2021-2027-1-EU-budget-totaling-EUR-503_fig2_343236627.

[45] EUROPEAN COMMISSION. Allocation method for the Just Transition Fund [Z/OL]. (2020-01-15). https://ec.europa.eu/commission/presscorner/api/files/document/print/en/qanda_20_66/QANDA_20_66_EN.pdf.

[46] Net-Zero Banking Alliance-United Nations Environment-Finance Initiative [EB/OL]. [2023-05-24]. https://www.unepfi.org/net-zero-banking/.

[47] EUROPEAN COMMISSION. Corporate sustainability due diligence [EB/OL]. (2022-02-23) [2023-04-24]. https://ec.europa.eu/commission/presscorner/detail/en/ip_22_1145.

[48] BBVA. Infographics: Pledge 2025 [EB/OL]. (2018-02-28) [2023-05-24]. https://www.bbva.com/en/infographics-pledge-2025/.

[49] BBVA. BBVA doubles its target of channeling sustainable financing to €200 billion [EB/OL]. (2021-07-08) [2023-05-24].; https://www.bbva.com/en/sustainability/bbva-doubles-its-target-of-channeling-sustainable-financing-to-e200-billion/.

[50] EUROPEAN COMMISSION. Allocation method for the Just Transition Fund [Z/OL]. (2020-01-15). https://ec.europa.eu/commission/presscorner/api/files/document/print/en/qanda_20_66/QANDA_20_66_EN.pdf.

附　　录

附录一：中国资源型地区公正转型案例分析

实践案例		政策目标	政策举措/行动
区域公正转型	振兴东北老工业基地	针对东北老工业基地资源枯竭早的特点，以及东北在维护国家国防安全、粮食安全、生态安全、能源安全、产业安全等方面所具有的不可替代的战略地位，2003年，中共中央、国务院出台了《关于实施东北地区等老工业基地振兴战略的若干意见》；2004年，国务院振兴东北地区等老工业基地领导小组成立，并由时任国务院总理温家宝出任组长。由此，振兴东北的大幕至此拉开	振兴东北老工业基地的政策体系经历了两个阶段： **第一阶段：2003—2012年** 《中共中央、国务院关于实施东北地区等老工业基地振兴战略的若干意见》（国办发〔2004〕39号）提出，研究建立资源开发补偿机制和衰退产业援助机制。 •在资源开发补偿方面，财政、税收、金融等政策协同发力，致力于生态环境的修复、社会保障和就业等民生领域； •在衰退产业援助方面，援助衰退产业的同时扶持主导产业，以稳定就业和增长； •在保障措施方面，从体制改革、技术创新到人才激励、环境改善等全方位提供配套支持。 2004年起，东北各省分别出台了振兴老工业基地规划纲要和相关工作要点等指导性文件，提出基础设施建设和政策优惠措施，改善产业发展环境，重新培育产业竞争优势。如《黑龙江省人民政府关于印发哈大齐工业走廊产业布局总体规划的通知》（2005）

续表

实践案例		政策目标	政策举措/行动
区域公正转型	振兴东北老工业基地	针对东北老工业基地资源枯竭早的特点，以及东北在维护国家国防安全、粮食安全、生态安全、能源安全、产业安全五个方面所具有的不可替代的战略地位；2003年，中共中央、国务院出台了《关于实施东北地区等老工业基地振兴战略的若干意见》；2004年，国务院振兴东北地区等老工业基地领导小组成立，并由时任国务院总理温家宝出任组长。由此，振兴东北的大幕至此拉开	**第二阶段：2013年后** 2014年，《国务院关于近期支持东北振兴若干重大政策举措的意见》提出激活市场、深化改革、推动创新和国企改革试点等11个方面、35条政策措施。 2016年，《中共中央国务院关于全面振兴东北地区等老工业基地的若干意见》明确了东北地区的战略定位、发展目标、发展理念等内容，提出到2020年东北产业迈向中高端、2030年实现全面振兴。 2016年，国家发展改革委印发了《推进东北地区等老工业基地振兴三年滚动实施方案（2016—2018年）》（以下简称《实施方案》）。《实施方案》提出了于2016—2018年开工建设对东北振兴有全局性重要影响的、能够有效补短板和培育新动能的重大项目共127项。其中2016年62项、2017年33项、2018年32项，主要涉及交通（含铁路、高速公路、机场、轨道交通）、能源、水利、工业、农业、城乡建设等多个领域，预计总投资规模在1.6万亿元左右
城市公正转型	资源型城市可持续发展	针对资源型城市的特点与问题，我国陆续出台政策引导与支持资源型城市发展，政策旨在增强资源枯竭型城市可持续发展能力，在巩固资源保障能力的基础上，促进地区经济活力，修复生态环境，改善人居环境，扩大就业规模，同时完善公共服务体系	资源型城市可持续发展政策体系经历了三个阶段：转型初期、可持续发展阶段和高质量发展阶段

续表

实践案例		政策目标	政策举措/行动
城市公正转型	资源型城市可持续发展	针对资源型城市的特点与问题，我国陆续出台政策引导与支持资源型城市发展，政策旨在增强资源枯竭型城市可持续发展能力，在巩固资源保障能力的基础上，促进地区经济活力，修复生态环境，改善人居环境，扩大就业规模，同时完善公共服务体系	**转型初期** 2003年党中央、国务院作出振兴东北地区等老工业基地的战略决策，为资源枯竭城市转型提供了一定的政策基础。这一时期的转型公正主要体现在修复公正，即停止过去分配不公正的行为，同时对原有资源过渡开发带来的一系列问题进行修复，逐步恢复其对生态、环境、社会等影响。 政策措施上，通过财政转移支付、银行专项贷款和中央项目倾斜来促进资源枯竭型城市产业转型，明确提出建立健全资源开发补偿机制和衰退产业援助机制等政策措施。 **可持续发展阶段** 2013年，《全国资源型城市可持续发展规划（2013—2020）》发布，这是我国首个关于资源型城市可持续发展的国家级专项规划。规划强调资源型城市发展应建立在协调有序、公平公正和结构优化的基础上。 产业政策从初期阶段的衰退产业援助转向接替产业的扶持；长效机制在初期阶段的基础上，增加了开发秩序的约束机制、价格形成机制和利益分配的共享机制。 **高质量发展阶段** 2021年，国家发展改革委等三部门联合发布《推进资源型地区高质量发展“十四五”实施方案》，在高质量发展政策中更加强调公共服务的均等化，将提高普惠性公共服务水平和提高居民基本生活保障，以及稳定和促进就业作为重要内容，以公正的

续表

实践案例		政策目标	政策举措/行动
城市公正转型	资源型城市可持续发展	针对资源型城市的特点与问题，我国陆续出台政策引导与支持资源型城市发展，政策旨在增强资源枯竭型城市可持续发展能力，在巩固资源保障能力的基础上，促进地区经济活力，修复生态环境，改善人居环境，扩大就业规模，同时完善公共服务体系	方式分享高质量发展的成果。资源能源安全的保障放在重要位置，并提出资源型地区的创新、协调、绿色、开放、共享发展，为“十四五”期间全面推进资源型地区高质量发展提供了方向
就业公正转型	煤炭和钢铁行业“去产能”就业安置	2016年年初，国务院先后印发的《关于煤炭行业化解过剩产能实现脱困发展的意见》和《关于钢铁行业化解过剩产能实现脱困发展的意见》并明确要求煤炭和钢铁行业“去产能”规模。据初步统计，煤炭和钢铁行业“去产能”涉及约180万人，其中煤炭系统约130万人，钢铁系统约50万人。就业安置政策旨在妥善解决煤炭和钢铁“去产能”过程中职工安置问题、保持社会公正稳定的目的	**国家层面就业安置政策** •政策指引。人社部于2016年先后发布了《关于在化解钢铁煤炭行业过剩产能实现脱困发展过程中做好职工安置工作的意见》和《关于实施化解过剩产能企业职工特别职业培训计划的通知》，为解决“去产能”过程中就业安置问题，以及帮助受影响群体实现脱贫提供了政策指引。 •专项奖补资金。中央设立专项奖补资金，以妥善安置受影响的工人，资金规模高达1000亿元人民币。专项奖补资金分为基础奖补和梯级奖补资金两部分

续表

实践案例		政策目标	政策举措/行动
就业公正转型	煤炭和钢铁行业“去产能”就业安置	2016年年初，国务院先后印发的《关于煤炭行业化解过剩产能实现脱困发展的意见》和《关于钢铁行业化解过剩产能实现脱困发展的意见》明确要求煤炭和钢铁行业“去产能”规模。 据初步统计，煤炭和钢铁行业“去产能”涉及约180万人，其中煤炭系统约130万人，钢铁系统约50万人。就业安置政策旨在妥善解决煤炭和钢铁“去产能”过程中职工安置问题、保持社会公正稳定的目的	•税收优惠政策。除财政资金奖补外，政府还对煤炭和钢铁行业提供税收优惠政策，以推动“去产能”工作的有序、平稳推进，主要优惠政策包括：继续实行钢铁出口退税政策；取消加工贸易项下进口钢材保税；落实煤炭企业增值税抵扣政策；落实煤炭企业城镇土地使用税优惠政策；落实钢铁企业利用余压余热发电资源综合利用税收优惠政策。 **山西省就业安置：以企内部转岗分流为主** •明确就业安置工作重点。山西省人社厅先后发布了《关于全力做好职工就业安置的实施细则》《关于做好化解煤炭钢铁行业过剩产能职工安置工作的实施意见》等，明确提出了12条具体“去产能”职工安置的帮扶政策。在政策执行层面，山西省“去产能”就业安置工作以企业转岗分流为主。 •资金安排。山西省从就业专项资金和失业保险基金中支出22亿元，用于支持企业内部转岗安置、对外转移就业、职工创业就业等。 •企业实践。山西“去产能”企业在扩大就业岗位、开展职工培训、搭建人力资源平台等方面采取了很多创新性的措施。 **河北省就业安置：扩大行业范围** •职工安置。全省制定了10项职工安置政策，包括援企稳岗政策中进一步提高标准延长期限、实行内部退养、实行等待退休、给予特定政策补助、鼓励企业兼并重组、

续表

实践案例		政策目标	政策举措/行动
就业公正转型	煤炭和钢铁行业“去产能”就业安置	2016年年初，国务院先后印发的《关于煤炭行业化解过剩产能实现脱困发展的意见》和《关于钢铁行业化解过剩产能实现脱困发展的意见》明确要求煤炭和钢铁行业“去产能”规模。 据初步统计，煤炭和钢铁行业“去产能”涉及约180万人，其中煤炭系统约130万人，钢铁系统约50万人。就业安置政策旨在妥善解决煤炭和钢铁“去产能”过程中职工安置问题、保持社会公正稳定的目的	促进失业职工就业创业、提供失业保险支持、开展职业培训、公益性岗位兜底安置等。 •资金安排。河北的财政专项奖补资金可用于内部转岗职工社会保险费和基本生活费。其中，对企业内部转岗培训给予每人800元的培训补贴；调整公益性岗位补贴标准，参照当地最低工资标准由各地自主确定。加大援企稳岗力度，增加援企稳岗资金，70%用于“去产能”企业

附录二 应对气候变化背景下国际公正转型案例及政策举措汇总

实践案例		政策目标	政策举措/行动
长期规划	欧盟绿色新政	公正转型机制是《欧洲绿色新政》下的金融和区域发展行动模块的六项行动之一。欧盟的公正转型致力于通过经济多样化促进欧洲经济高质量发展、保障社会民生（尤其是促进就业和培训）、减轻气候转型所引起的社会经济成本，以及促进清洁能源发展和环境修复	公正转型政策工具主要包括公正转型基金（Justice Transformation Fund）、公正转型平台（The Just Transition Platform）、公正转型中的煤炭地区倡议（Initiative for Coal Regions in Transition）。 •公正转型基金。欧盟成员国需要编制区域公正转型计划，并经欧盟批准后，才能申请来自公正转型基金，支持当地相关项目和活动。 •公正转型平台。公正转型平台通过技术手段帮助欧盟国家和地区实现公正转型，它提供全面的技术援助和咨询支持，提供利益相关方所需的转型信息、指引和知识。 •"转型中的煤炭地区倡议"作为是公正转型平台的基础，倡议的主旨是协助欧盟各国及生产煤、泥炭和油页岩的地区应对在低碳经济转型过程中出现的困难，并帮助这些地区在转型过程中创造就业机会并带来经济增长

续表

实践案例		政策目标	政策举措/行动
	西班牙国家公正转型战略	西班牙政府通过了能源和气候战略框架(Strategic Framework for Energy and Climate),旨在通过一系列措施促进向集约、可持续和有竞争力的发展模式转变,帮助减缓气候变化。该战略框架包括三个主要部分:气候变化法案、国家能源和气候综合计划、公正转型战略❶	公正转型协议: 公正转型协议将根据"公正转型战略"的目标和标准,提出全面的地区行动计划,把维持和创造该地区的经济活动和就业作为优先目标,支持易受影响的部门和群体,并根据社会经济情况促进就业的多样化和专业化。公正转型协议将由生态转型部、劳动和社会经济部、社会保障和移民部和工业、旅游和贸易部,以及其他政府部门共同签署
地区行动方案	美国卡罗拉多州公正转型计划	2020年,科罗拉多州公正转型咨询委员会通过大量研究草拟了公正转型计划。转型计划的主要目的是通过帮助煤炭转型社区和工人过渡到繁荣的未来,避免科罗拉多州的经济萧条。转型计划共有三大目标:帮助所有社区获得更多的足以支持家庭生计的工作岗位和更多样化的经济,帮助被煤炭行业或相关行业解雇的工人获得新的工作机会和稳定的经济来源,以及从公共财政、社会资本和	科罗拉多州公正转型计划三大策略的具体行动: **策略一:社区** •协调联邦和州现有项目以支持地方战略的实施; •将创业、扩张、留存和吸引商业作为目标,吸引潜在雇主、创造就业岗位、吸引投资、免费咨询培训以及鼓励企业家精神; •协调基础设施投资,以支持区域和当地的转型策略; •识别和支持联邦、区域和当地机构以促进投资; •吸引拨款和投资以推动当地经济增长

❶ MINISTRY OF THE ECOLOGICAL TRANSITION, SPAIN. The Just Transition Strategy within the Strategic Energy and Climate Framework [R/OL]. 2019: 20. https://www.miteco.gob.es/en/prensa/etj-english-interactive_tcm38-505653.pdf.

续表

实践案例		政策目标	政策举措/行动
地区行动方案	美国卡罗拉多公正转型计划	非营利机构中识别潜在的资金来源支持科罗拉多州公正转型计划； 2020年，科罗拉多州公正转型咨询委员会通过大量研究草拟了公正转型计划。转型计划的主要目的是通过帮助煤炭转型社区和工人过渡到繁荣的未来，避免科罗拉多州的经济萧条。转型计划共有三大目标：帮助所有社区获得更多的足以支持家庭生计的工作岗位和更多样化的经济，帮助被煤炭行业或相关行业解雇的工人获得新的工作机会和稳定的经济来源，以及从公共财政、社会资本和非营利机构中识别潜在的资金来源支持科罗拉多州公正转型计划	**策略二：工人** •赋权工人及其家庭尽早对未来进行规划； •鼓励联邦政府牵头制定针对受能源转型影响的工人的国家战略； •准备一个针对失业工人技能学习、就业或创业的州级项目； •探索能够确保经历转型的家庭有稳定经济来源的策略 **策略三：资金** •为科罗拉多州进一步支持公正转型战略制定切合实际的方案； •与公用事业和矿业公司合作，增加转型资金； •确保公正转型办公室有足够的能力来发展和实施本计划
	捷克煤炭资源型地区转型规划	2017年，捷克政府出台了RE:START战略框架，以支持捷克三个煤炭资源型地区（Usti，Moravian-Silesian和Karlovy Vary）的转型。根据要求，战略每年更新行动实施计划，转型的主要目标围绕六大核心，即培育面向全球化	RE:START战略的支持政策主要围绕着促进商业和投资的经济发展政策和保障社会民生的就业和教育政策。 **经济转型** •制造业和服务业的质量提升； •促进和鼓励创业，以此带动企业家精神和减少失业率； •瞄准银发市场，提前布局服务业和休闲业； •吸引外商投资

续表

实践案例		政策目标	政策举措/行动
地区行动方案	捷克煤炭资源型地区转型规划	市场的商业、吸引高附加值的直接投资、进行有益经济的研发活动、培养适应行业和公共事业需求的劳动力、消除社会不稳定的障碍、提升环境质量、基础设施质量和公共服务质量	**就业扶持** ·增加就业岗位，为煤炭资源型地区的就业岗位创造提供资金支持，通过政府补贴促进高附加值的企业投资； ·职业培训：提供职业指导、信息和培训；建立以企业/组织的为单位的终身学习生态系统； ·劳动力市场监测； ·手艺培训； ·预防性手段
机制创新政策工具	多边公正转型合作机制	在2021年11月的COP 26会议上，南非、法国、德国、英国及美国各国政府连同欧盟宣布了一项具有雄心的多边能源公正转型伙伴关系(Just Energy Transition Partnership)，[1]以支持南非共和国在国内气候政策背景下的脱碳努力。它的目标是支持南非打造低碳经济和气候适应型社会；加速电力系统的公正转型和脱碳，包括矿山的修复和再利用；支持新经济机会如绿氢和电动汽车的发展。这个伙伴关系也有潜力成为一种可在全球推广的模式，说明如何	•能源方面。鼓励可再生能源发展，将新发电能力的许可门槛从1兆瓦提高到100兆瓦。 •绿色金融目录。南非于2022年4月推出了绿色金融目录，概述了符合国际最佳实践和国家优先事项的"绿色"资产、项目和行业。 •矿产资源和能源部为关闭煤矿提供明确的政策和业务指导。 •就业和民生保障方面。政府之外的社会组织也进行了关于公正转型的重要工作。南非工会代表大会提出公正转型蓝图，劳工积极参与，为受影响的工人制定政策响应

[1] SPINANT D, MCPHIE T. France, Germany, UK, US and EU launch ground-breaking International Just Energy Transition Partnership with South Africa[EB/OL]//European Commission. (2021-02-11)[2022-07-04]. https://ec.europa.eu/commission/presscorner/detail/cs/ip_21_5768.

续表

实践案例		政策目标	政策举措/行动
机制创新政策工具	加拿大转型委员会	实现和资助公正转型，并成为新的包容性发展的催化剂； 加拿大环境与气候变化部长于2018年4月任命并启动了加拿大煤电工人和社区公正转型工作组（Task Force on Just Transition for Canadian Coal Power Workers and Communities），负责向环境和气候变化部长提供咨询、政策选择和建议，以便为受加拿大加速淘汰煤电直接影响的工人和社区实现公正转型❶	•国家层面的转型工作组。公正转型工作组通过在各地的专家走访和实地调研，将2018年收到3500万加元的拨款，主要用于：①支持受影响社区的经济发展和多样化同时带来新的就业机会的项目；②投资于扩大受影响工人、家庭和社区获得政府服务和项目的途径。 •煤炭依赖地区地方性机构和转型措施。2017年，名为“煤炭社区咨询小组”（Advisory panel on Coal Communities）的省级小组研究了退煤对工人和社区的影响，并向省政府提出建议
资金机制	财政支持欧盟公正转型资金机制	公正转型机制是欧盟绿色新政投资计划（European Green Deal Investment Plan）重要组成部分，用于支持欧盟2050年碳中和背景下高碳地区和行业的低碳转型	•融资机制。公正转型机制由“三大融资支柱”构成，分别是公正转型基金、投资欧洲（InvestEU）下的专门公正转型计划和欧洲投资银行（EIB）的公共部门贷款机制。 •资金分配。资金分配面向欧盟所有成员国。分配方式尽可能考虑不同区域的经济社会状况和温室气体排放水平。具体按照特定经济社会标准进行分配。 •资金运行管理。欧盟委员会及其公正转型平台具体负责公平转型机制的运行管理。公平转型平台主要是为成员国负责制定区域公平转型计划的部门提供专门技术支持，确保计划内容如实反映每个地区的需求

❶ EUROPEAN COMMISSION. Allocation method for the Just Transition Fund [Z/OL]. (2020-01-15). https://ec.europa.eu/commission/presscorner/api/files/document/print/en/qanda_20_66/QANDA_20_66_EN.pdf.

续表

实践案例		政策目标	政策举措/行动
资金机制	金融保障金融机构支持公正转型	欧洲复兴开发银行提出了公正转型计划（Just Transition Initiative），在过去支持经济转型经验和教训的基础上，支持绿色经济发展和包容性增长。金融支持公正转型的作用主要有两个目标，一是要努力扩大金融支持有利于公正转型的经济活动，二是要避免金融支持带来的“不公正”后果	欧洲复兴开发银行积极确定能够加速公正转型的投资和政策活动，重点关注三个优先主题。 •绿色经济转型。欧洲复兴开发银行将与拥有高碳资产的客户合作，向低碳经济过渡。这包括高碳资产的再转化，土地的补救和恢复，以及其他一系列创造当地就业机会的绿色投资。 •支持工人。欧洲复兴开发银行将在解决不平等的基本驱动因素背景下，通过再培训和增强创业精神，促进那些生计受到转型进程影响的人获得替代生计。 •区域经济发展。强调提供优质就业机会的活动，包括为有竞争力的中小企业和大型企业提供有针对性的支持，以及为可持续基础设施的项目提供资金

后　记

忝居主编，深知个人对本书贡献有限，感谢团队全面、深入、细致的工作，感谢在两年多断断续续的研究和思考过程中，来自各界专家学者的分享和指导，感谢编辑。至于我们的工作能否丰富“双碳”议题的讨论、提供更多事实依据，则留给读者评价。

成书之时，适逢我国宣布“双碳”战略三周年。想来当时身处某个出差回程的隔离中，忙着接听记者来电、参与会议讨论，陋室也能与国际同频。此后，领域一日千里，国家、行业、地方的政策行动密集出台，投资者摩拳擦掌，各种高峰论坛目不暇接。于同行探讨，常有研究跟不上行动的感受。这都是好事，对低碳发展的观察者而言，此景象，梦寐以求。

然而，要把好事做好并不容易。高质量发展阶段不仅仅是经济模式的精耕细作，政策设计同样要避免大水漫灌、顾此失彼。“双碳”目标不是单维度的，是一个系统工程，公平正义必须是重要坐标，这不是缓兵之计，而是更高要求。需要做好清晰的远期规划、严明的法律标准，立下目标、划出底线，更需要发挥社会各界的创造性，织好转型安全网。大道至简，不折腾最重要。

如绝大多数环境政策，公正转型绝不是外来“压力”要我们做，而是我们自己已经在做，并且需要做的更好，资源型地区可持续发展转型是老话题。提法、用词的演变是适应国际对话的需求也是政策内涵丰富的结果，而其内核仍然是适应本土需求，是一个自下而上的过程。更重要的是，要对全球范围内的讨论做出重要的制度贡献。这一摸索、借鉴、引领，并螺旋式上升的过程其实也是过去几十年环境政策国际交流的缩影。

不得不承认，国际局势的不确定性在增加。公正转型的维度之一是区域公正，跨国、跨区域转型的公正性受到包括碳边境调节税在内保护性贸易政策的冲击，产业链成本增加导致经济不发达地区的转型更为艰难。迷惑的是，几乎每一个贸易保护政策都会被冠以“公正”的名义。

既然要判断谁更公正，那谁来扮演裁判？我想，只能是我们生存的地球。2023年6至8月，我们经历了人类有气象记录以来全球平均气温最高的夏季，此外还有洪水、山火、干旱……

即使如此，我们仍然满怀信心，拭目以待！

胡　敏

2023年4月11日